KB213590

오늘의 커피

오늘의 커피

사계절, 내게 어울리는 커피 찾기

권용원 지음

마음사이로

목 차

Part 2 오늘의 커피: 사계절, 내게 어울리는 커피 찾기

Part 3 내일의 커피: 더 나은 커피생활을 위한 안내

오늘 마신 커피는 얼마나 특별한가요?

지금 이 프롤로그를 읽고 계신 분은 커피를 즐기는 분이라 생각합니다. 커피를 즐기지만 늘 같은 커피 맛에 만족하거나 다양한 향미를 경험하고 싶어도 막상 어떤 원두를 접해야 할지 고민을 갖고 계실 수도 있을 겁니다. 커피는 알면 알수록 맛있는 음료입니다. 이유는 커피 한 잔, 한 잔이 모두 다르기 때문입니다. 같은 지역, 같은 농장 원두라고 해도 누가 어떻게 추출하느냐에 따라 향미가 확연히 다르기 때문에 그렇습니다. 커피는 생각보다 다양하고 풍부한 세계입니다.

카페 매니저로 커피업계에 들어온 이후 커피는 제 일이자 일상이 되었습니다. 대학에서 물리학을 전공했지만 커피와의 인연을 끊을 수는 없었기에 커피와 물리학을 어떻게 접목할 수 있을지 고민하게 되었고, 국내 최초로 에스프레소 머신을 개발하는 회사에 입사해 더욱 전문적으로 커피를 시작할 수 있었습니다. 에스프레소 머신에 대한 연구와 함께 추출에 대해 조금씩 더 깊은 고민을 하게 되었고, 십여 년 전부터 직접 카페를 운영하면서 로스팅에도 관심을 가지며 커피의 전반적인 일에 도전하게 되었습니다.

커피를 연구하고 커피를 잘하는 것과 카페 운영을 잘하는 것은 완전히 다르다는 것을 조금씩 느껴가며 운영을 하던 중 코로나라는 정말 큰 위기를 겪기도 했습니다. 커피와 친환경 소재를 이용한 새로운 아이템을 만들고 소개하는 역할로 정부지원 사업에 선정되어 여러 분야의 대표님들과 같이 공부와 협업을 진행하게 되면서 최근에는 로스팅과 카페 운영에 더 집중을 하고 있습니다.

로스터리와 카페를 운영하면서 고객에게 새로운 커피를 소개할 때마다 느끼는 점이 있습니다. 커피에 관심 있는 사람들은 많은데 생각보다 다양한 커피에 대한 정보를 알지 못하고 있다는 점입니다. 브루잉 커피를 궁금해 하는 사람들도 특정 국가의 몇몇 원두 외에는 맛본 경험이 없거나 특별한 욕구를 느끼지 못하고 있다는, 커피업계 종사자 입장에서의 안타까움이 있었습니다. 오늘 내가 마시는 커피는 얼마나 특별한지 느끼고 알 수 있을 때 커피는 한 잔의 카페인 음료에서 다채로운 취미, 혹은 문화생활로까지 나아갈 수 있지 않을까 생각하게 됩니다. 이 책을 쓴 까닭은 바로 그런 질문에서 비롯되었습니다.

차茶를 소재로 한 일본 영화 「일일호시일」에는 "세상에는 금방 알 수 있는 일과 그렇지 않은 일이 있다. 금방 알 수 있는 건 지나가도록 두면 된다. 그러나 금세 알 수 없는 것은 오랜 세월을 거쳐 조금씩 깨달아간다."는 대사가 나옵니다. 삶과 차 모두에 적용할 수 있는 말일 텐데 이 책을 통해 커피도 그런 존재라는 사실을 커피를 즐기는 많은 분들에게 전할 수 있다면 참 좋을 것 같습니다.

이 책은 세 부분으로 구성되어 있습니다. '어제의 커피'라 이름 붙인 1부에서는 커피 애호가라면 익히 알고 있거나 즐기기 위해 알아야 할 기초지식을 다루고 있습니다. '어제'가 의미하듯 지나갔지만 기억에 남아 있어야 하는 것들에 대한 이야기입니다. 커피 품종부터 커피 등급에 대한 간략하지만 꼭 필요한 이야기를 얻을 수 있습니다.

'오늘' 내가 즐기고 싶은 커피를 소개하는 2부에서는 일 년 열두 달로 나누어 아프리카, 중남미, 아시아의 커피를 소개합니다. 특정 원두를 소개하는 형식을 취한 것은 특징적인 원두를 통해 해당 지역의 토양부터 가공방식, 다채로운 향미의 특성을 두루 경험해 보자는 취지입니다. 그 원두를 바탕으로 비교할 만한 다양한 원두를 스스로 찾아갈 수 있도록 안내하고 해당 뉘앙스를 지닌 원두에 적합한 추출방식과 도구도 함께 소개하고 있습니다. 3부에서는 커피 생활을 즐기면서 느끼는 오해나 궁금증에 대해 이야기합니다.

세계적인 경제 불황과 커피 작황에 어려움이 생기면서 상승한 가격은 공급자, 소비자 모두에게 심각한 불안요소가 되고 있습니다. 로스팅을 처음 시작하던 시기의 생두 가격과는 비교도 할 수 없을 정도로 가격이 상승해 새롭게 커피를 배우고 즐기는 분들에게도 합리적인 소비가 더욱 필요한 시기라고 할 수 있습니다. 합리적이고 경제적인 소비는 돕되, 세상에는 참 다양한 커피가 있고 접할 가치가 있다는 사실을 이 책을 통해 조금이라도 느낄 수 있다면 좋겠습니다. 책을 읽는 분들이 본인에게 어울리는 커피를 찾아내는 과정에 언제나 함께 하고 싶습니다.

2025년 봄
권용원

Part I
어제의 커피

알고 있어야 할 기초지식

종, 품종

species, variety

생물을 분류하는 가장 기본적인 단위는 종species입니다. 종은 다양하게 정의되는데 교배를 통해 자손이 이어지는 집단으로 구분하는 방법(생물학적), 형태적 특성에 따라 구분하는 방법(유형학적), 진화를 기준으로 하는 방법(계통학적) 등이 쓰이고 있습니다. 식물분류에서 종은 또 아종subspecies, 변종 또는 품종variety으로 더 세분하기도 합니다. 두 용어 모두 크기, 색상, 향기, 잎의 유형 또는 해당 종에 공통적인 기타 특성에 영향을 미치는 종 표준에서 벗어난 것들을 나타냅니다.

여러 유사한 종들을 묶어서 속genus이라고 하는데 우리가 커피라고 부르는 식물의 속은 코페아Coffea라고 부르며, 그 아래에는 최소한 백여 종이 있는 것으로 보고되고 있습니다. 그 백여 종 가운데 코페아 아라비카*Coffea arabica*, 코페아 카네포라*Coffea canephora*, 코페아 리베리카*Coffea liberica* 정도를 실무적, 또는 학문적으로 다루고 있습니다. 우리에게 익숙한 이름인 아라비카는 이들 중 가장 좋은 향미를 발견할 수 있는 종이어서 스페셜티 커피의 주재료가 되지만 키우기가 까다롭고 병충해에도 약한 편입니다. 아라비카

의 원산지는 에티오피아 고산지대로 1년 내내 15~25℃의 일정한 기후를 유지하여 더위와 추위에 약한 아라비카가 자라기에 적합한 곳입니다. 일교차가 크고 일조량이 풍부하다는 장점 때문에 당과 기타 성분의 형성에 영향을 주어, 복합적인 향미와 좋은 신맛을 더해줍니다.

반면 병충해에 약하다는 단점이 있는 아라비카와 달리 카페인 함량이 높고 병충해에 강한 카네포라(흔히 로부스타robusta라고 부름)는 나름의 독특한 개성을 지니고 있고 재배가 수월한 편이라고 할 수 있습니다. 현재 시중에서 이용되지는 않지만, 기후 위기로 인해 아라비카 종의 재배지역에 향후 50년 동안 크게 변동이 생기고 재배의 어려움이 예상되면서 리베리카 종에 대한 연구 필요성도 대두되고 있는 상황입니다.

에티오피아를 기원으로 하고 있는 커피 품종은 사람의 필요에 의해 인위적으로 재배되는 과정에서 새로운 이름을 얻게 되기도 하는데 이를 재배종cultivar이라고 합니다. 재배종은 인간의 개입을 통해 번식되는 경우로, 긍정적인 특성을 개발하기 위해 교차 수분cross-pollination하는 등의 방법으로 길러지는 잡종이라고 할 수 있습니다. 우리가 스페셜티 커피에서 알고 있는 대부분의 품종은 사실 재배종들인데, 버본bourbon과 티피카typica가 가장 많이 알려진 재배종들이라고 할 수 있습니다. 원두를 카페 등에서 구매해 본 분들이라면 원두 포장용기에 적힌 마라고지페maragogipe, 파카스pacas, 카투라caturra, 비야 사르치villa sarchi, 문도 노보mundo novo, SL28 등의 이름들을 보았을 것입니다. 이들은 재배의 관점이나 향미의 관점에서 개량된 것들이기 때문에 각자 다른 느낌의 특징을 지니고 있습니다. 이들마다 균형미를 가진 것도 있고 자극적이고 독특한 향미를 가진 것들도 있습니다.(재배종별 특징은 WCR[*]의 자료를 참조) 하지만 일반 소비자가 그 품종만으로 커피 고유의 풍미를 알아차

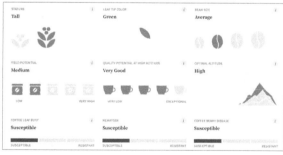

♣월드커피리서치|World Coffee Research

'커피의 미래를 위해(Ensuring the future of coffee)'를 모토로 세계 각 재배지에서 진행되는 품종개량을 지원하고 정보를 공유하는 비영리 연구개발기관. 미국 스페셜티커피협회와 그린 마운틴 커피로스터즈(Green Mountain Coffee Roasters), 피츠커피(Peet's Coffee and Tea) 등 여러 기관과 기업이 공동으로 참여하고 있으며 커피 품종과 관련된 다양한 자료를 온라인(varieties.worldcoffeeresearch.org)으로 제공하고 있다.

리거나 제대로 느낄 수 있다고 말하기는 어렵습니다. 단순히 재배에서 끝나는 것이 아니라 이후 가공과정이 이어지고 직접적으로 향미에 영향을 미치는 로스팅 작업이 더해지기 때문입니다.

　품종에 대한 이해가 되었다면 어떤 열매를 선택하느냐는 순전히 고객의 몫입니다. 그런데 소비자로서 우리가 품종을 선택해 마시는 일이 쉽지는 않습니다. 카페나 로스터리숍를 통해 지역별로 제공되는 원두봉투에 표시된 품종을 파악하고 이 커피가 그 품종이구나 라고 확인할 수밖에 없는 것이 현실이라고 하겠습니다. 그 이상의 일은 보다 전문적인 단계에서 해야 할 일로 우선 미뤄두어야 할 것 같습니다.

나무와 열매
tree & cherry

작은 화분에서 커피나무를 씨앗단계에서부터 키워본 사람은
꽤 흥미로운 장면을 목격하게 됩니다. 커피 씨앗(파치먼트parchment
상태)을 그대로 흙 속에 넣어두고 기다리거나, 아니면 적당히 건
조시켜 싹을 틔운 후 동일한 과정을 진행하면 심었던 커피콩이 하
늘을 향해 밀려 올라가는 것을 관찰할 수 있습니다. 물론 커피나무
에서 수확한 열매를 이용하거나 가공되었더라도 몇 개월 지나지
않은 상태의 열매를 심어야 합니다. 콩에서 발아한 뿌리가 흙 속에
자리를 잡고 줄기부분이 생장하며 커피콩을 흙 밖으로 밀어 올리
는 것입니다. 꼿꼿하게 수직으로 올라가던 커피콩에서 잎이 나오
기 시작하면 껍데기만 남은 외피는 떨어져 나가고 본격적인 커피

나무의 성장이 시작됩니다.

커피나무에서 꽃이 피어야 열매를 수확할 수 있습니다. 대략 묘목을 기르기 시작한 지 3~4년까지는 부피와 길이 생장만 거듭하게 됩니다. 그 시기가 지나면 우윳빛 꽃을 피웁니다. 자가수분을 하는 아라비카종은 굳이 벌과 같은 곤충의 도움이 없어도 수정이 가능합니다. 꽃은 한 가지에도 시기를 달리하여 피기 때문에 열매가 맺히는 것도 순차적으로 지켜볼 수 있습니다. 꽃에서는 재스민과 비슷한 향을 맡을 수 있습니다. 꽃이 피고 수정이 된 후 2개월 정도 지나면 열매를 맺고 6개월 정도 지나면 빨갛게 익어 수확이 가능하게 됩니다.

수확한 열매의 껍질을 벗기면 일반적으로 과일에서 볼 수 있는 과육pulp으로 채워져 있습니다. 과육을 벗겨내고 나면 끈적끈적한 점액질을 만나게 되고 이 점액질을 제거하면 파치먼트라고 부르는 속껍질이 나오게 됩니다. 파치먼트까지 떼어내면 은회색의 얇은 막silver skin으로 둘러싸인 씨앗을 만나게 됩니다. 이것이 우리가 생두라고 부르는 커피의 씨앗입니다. 씨앗은 대부분 한 개의 열매에 두 개가 마주보고 들어있는 형태인데, 대략 10% 정도는 한 개만 들어있어 통통한 모양의 형태를 보이기도 합니다. 피베리peaberry라 부르는 것들입니다. 씨앗을 둘러싸고 있는 여러 겹의 층들은 이후 가공방식에 따라 다양하게 벗겨지거나 숙성되는 과정을 거치게 됩니다.

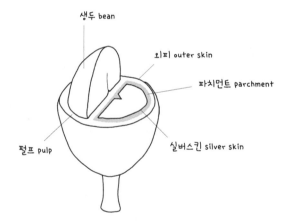

생두 bean

외피 outer skin

파치먼트 parchment

펄프 pulp

실버스킨 silver skin

향미

taste, flavor

커피를 마시며 그 향기와 맛을 즐기는 애호가라면 추출에 앞서 내가 찾고 있는 맛을 알아가는 것이 중요합니다. 커피는 도대체 어떤 향미를 품고 있기에 우리를 기쁘게 하는 것일까요? 어떤 성분들을 가지고 있으며, 그것은 어떤 기억을 우리에게 불러일으키는 것일까요? 사람은 추억을 먹고 산다고 합니다. 추억은 기억이고 그 기억의 한계를 인간은 벗어나지 못합니다. 어떤 이는 실제 일어난 일이 중요한 것이 아니라 기억하고 있는 일이 중요하다고 말하기도 합니다. 향과 맛에 대해 많이 기억하고 있다면 커피를 통해 느끼는 향과 맛도 풍성해질 것입니다. 그러기 위해서는 어느 정도의 지식과 훈련이 필요합니다.

누군가는 잠을 깨워준다는 사실만으로도 커피를 맛있다고 느낄 수 있지만 대부분의 경우는 특유의 향과 맛을 통해 커피의 매력을 느끼게 됩니다. 사실 커피나 구운 견과류를 연상시키는 향기이자 강한 냄새 때문에 향료와 동물 기피제에 쓰이는 성분이기도 한 푸르푸릴메르캅탄furfuryl mercaptan은 나타나자마자 금방 공기 속으로 사라집니다. 원두를 그라인더로 갈아보면 아주 잠깐 향기로웠다가 금세 없어지고 마는 이유입니다. 카페에 들어서면 오래도록 커피향을 느낄 수 있는 것은 향기를 제공하는 성분들이 지속적으로 공급되기 때문이고 그 결과 향이 좋은 커피라는 기억이 사람들에게 생겨난다고 볼 수 있습니다.

사람은 약 400여 개의 서로 다른 냄새 수용체를 가지고 있다고 합니다. 이 수용체들이 냄새 물질에 반응해 향을 느낀다고 합니다. 시각이나 청각을 통해 수용된 정보가 시상thalamus♣에 연결되어 말과 언어를 다루는 영역으로 처리되는 반면, 후각은 감정과 기억을 제어하는 편도체amygdala와 해마hippocampus에 먼저 가기 때문에 향의 규명이 어렵다고 합니다. 더군다나 개인마다 사용하는 어

휘도 차이가 나기 때문에 적절하게 향을 표현하는 것은 매우 힘든 일입니다.

향미라는 표현은 대개 맛과 비슷한 의미로 쓰이지만 좀 더 넓은 개념이라고 할 수 있습니다. 일반적으로 우리가 커피에서 이야기하는 향미flavor는 커피의 향, 맛, 촉감, 균형감 등을 복합적으로 아우르는 개념입니다. 커피 향이 참 좋다고 표현할 때의 향은 원두가 지닌 휘발성분을 후각을 통해 우리가 느끼는 것을 말합니다. 생두가 처음부터 지닌 다양한 과일과 꽃, 식물 고유의 향기물질은 로스팅 과정에서 화학변화를 일으키면서 변형됩니다. 이런 원두를 분쇄하는 과정에서 발생하는 향dry aroma을 일차적으로 코를 통해 인지하게 되고, 다시 분쇄된 가루에 물이 닿으면서 발생하는 향wet aroma을 느끼게 됩니다.

다른 음료나 음식의 경우처럼 커피에서 느끼는 맛 또한 신맛, 단맛, 짠맛, 쓴맛으로 구분됩니다. 다만 커피에서의 짠맛은 극히 일부의 미네랄에서는 기여를 할 수 있겠지만 소량의 성분으로 짠맛을 느낀다는 것은 건강에 문제있는 경우이거나 혹은 너무 강한 쓴맛과 신맛을 짜다고 인식하는 오해일 수도 있습니다. 커피를 다 마시고 입안에 남은 후미aftertaste 또한 커피가 주는 맛의 일부분에 속합니다. 촉감mouthfeel은 입 안에 머금거나 목을 통해 넘기는 과정에서 인지하는 감각으로 흔히 바디감으로 표현되는 풍성함이나 부드러움을 말합니다. 이것은 커피 원두가 품고 있는 다양한 성분이 얼마나 커피 용액에 녹아 있는가와 관련이 있다고 볼 수 있습니다.

균형감balance은 신맛과 단맛, 혹은 쓴맛 중 어느 하나가 도드라지지 않고 적절히 조화를 이루고 있는 정도를 말하는 것으로 맛 상호 간의 관계를 넘어 향기와 맛, 그리고 촉감에 이르는 전반적인 조화를 표현하는 용어이기도 합니다. 이러한 전반적인 부분들이 모두 커피 향미의 부분을 차지한다고 말할 수 있겠습니다.

커피의 향미를 좋다 나쁘다와 같은 주관적인 느낌에서 벗어나 다양한 지표를 통해 객관화하고자 기준을 마련하는 작업들은 관련 협회나 관계자들 사이에서 꾸준히 이어져 왔습니다. SCAThe Specialty Coffee Association가 선보인 플레이버 휠flavor wheel**등이 그러한 작업에서 나온 결과물입니다. 월드커피리서치의 'Sensory Lexicon'을 바탕으로 만들어진 플레이버 휠은 커피에서 느낄 수 있는 110개에 달하는 향미 속성을 표현하고 있습니다. 적절하게 이용한다면 내가 느끼는 향미를 말로 다양하게 표현하는 데 도움을 얻을 수 있습니다.

♣♣플레이버 휠flavor wheel
1995년 미국스페셜티커피협회SCAA가 처음 발표한 것으로 커피에서 찾을 수 있는 맛과 향이 원형의 표로 구성되어 있다. 테드 링글(Ted Lingle)이 와인 플레이버 휠에서 영감을 받아 제작한 이 커피 플레이버 휠은 커피 향미의 표준 언어로 활발히 사용되어 오다가 2016년 새로운 개정판을 내어놓았다. 그동안 넓은 범주로만 구성되어 있던 향미구성을 더욱 구체적으로 바꾸었을 뿐만 아니라 두 개로 나뉘어 있던 휠을 하나로 통합했다.(sca.coffee/research/coffee-tasters-flavor-wheel)

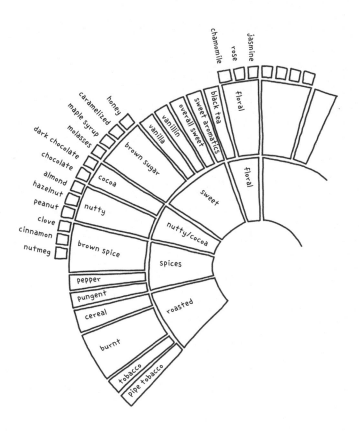

커핑

cupping

커피 커핑(커피 테이스팅이라고도 함)은 커피의 품질을 평가하기 위한 세계적으로 표준화된 방법을 말합니다. 커피를 평가한다고 할 때 그 평가자는 누구일까요. 소비자? 바리스타? 커피대회 심사위원? 적어도 커핑이라는 커피 평가과정에는 커피 공급망에 있는 모든 사람들, 즉 생산자, 수출입업자, 로스터, 바리스타 등 아주 많은 사람들이 참여한다고 할 수 있습니다. 커피 회사를 위해 커피를 구매할지 여부를 결정하기 위해 평가하는 거래자, 커피를 로스팅하는 데 사용한 프로파일을 평가하는 커피 로스터, 미각을 개발하고 싶은 바리스타 또는 기타 전문가 모두에게 커핑을 하고자 하는 이유는 있다고 할 수 있습니다. 처음에는 커피 샘플에 결함이 없는지 확인하기 위해 수행되었다고 한다면 현재는 커피의 향미를 설명하는 일에 도움이 되기 때문에 여러 이유에서 커핑은 활용되고 있습니다. 커피 전문가든 아니든 상관없이 커피 미각을 형성하고 커피의 방대한 뉘앙스를 관찰할 수 있는 좋은 방법이 바로 커핑입니다.

커핑은 보통 물과 작은 컵이나 그릇에 담긴 커피만 사용하여 커피를 추출하고, 보고, 냄새를 맡고, 맛보는 방식으로 진행됩니다. SCA는 업계 전반에 걸쳐 모범 사례로 널리 인정받고 있는 오랜 커핑 표준(SCA 커핑 프로토콜)을 만들어 왔습니다. SCA 표준은 분쇄 크기, 수온 및 장비와 같은 기본 매개변수뿐만 아니라 일관된 로스팅 수준과 신선도로 커피 샘플을 준비하기 위해 보다 구체적인 권장 사항을 규정하고 있습니다. 소음을 최소화하고 다른 향수의 존재를 제한하고, 때로는 특정 색조의 조명 아래에서 진행하도록 하는 등 산만함을 줄이는 것도 포함하고 있습니다. 시음은 일반적으로 둥글고 깊은 숟가락으로 이루어지는데 시음자의 입천장에 가능한 한 많은 커피를 뿌리기 위해 커피를 후루룩 마십니다. 이후 해당 커피를 여러 가지 관점에서 평가하게 됩니다.

2004년에 만들어진 SCA의 커핑 프로토콜에 새롭게 채택되어 2024년 11월에 공식 발표된 커피 프로토콜은 CVA(Coffee Value Assessment)라 불리는데 단일 점수에 의존하던 기존 방식에서 커피의 가치를 더욱 포괄적으로, 그리고 독립적으로 평가해 편향되어 있던 결과의 편차를 줄이는 방식을 도입했고 샘플 준비 및 커핑 메커니즘에 묘사적 평가와 감정적 평가를 넣어 주요 구성 요소를 만들었습니다. 보다 발전적인 방향으로 개선된 프로그램이라고 할 수 있습니다. 기회가 된다면 교육기관이나 모임에서 진행되는 커핑과정에 참여해 보는 것도 좋은 커피를 이해하는 데 도움이 될 것입니다.

떼루아

terroir

커피는 재배되는 지역, 고도를 비롯해 여러 가지 생육조건에 따라 발현되는 맛과 향이 달라집니다. 이런 점에서 최근에는 커피에서도 떼루아라는 용어를 사용하고는 합니다. 떼루아는 원래 와인에서 사용되는 용어로 토양, 풍토를 뜻하는 프랑스어인데 포도가 자라는 모든 환경적인 요소를 의미하는 단어입니다.

커피 열매는 위도, 경도, 강우량, 온도 및 고도와 같은 환경 요인의 영향을 받습니다. 높은 고도는 커피 품질을 높이는 것으로 평가되고 있는데 평균 온도가 낮고 고도가 높을수록 커피체리의 숙성 기간이 길어지고, 그 결과 영양 밀도가 높은 커피 원두가 생성된다는 이론을 바탕으로 하고 있습니다. 같은 품종의 커피라고 하더라도 코스타리카의 해발 1,000m와 케냐의 해발 1,900m에서 자라는 커피는 맛이 다를 수 있다는 것입니다. 즉, 콜롬비아 커피를 브라질, 에티오피아 또는 인도네시아 커피와 다르게 만드는 이유라고 할 수 있습니다.

커피를 재배하는 사람들은 화산 토양이 커피에 좋다고 설명합니다. 마그네슘, 인, 칼륨, 칼슘, 아연과 같은 영양소가 풍부한 화산 토양이 커피 재배에 유리하다고 볼 수도 있습니다. 또 일반적으로 더 높이 올라갈수록 과일은 더 달콤하고 더 높은 품질을 얻을 수 있다고 합니다. 고도가 높을수록 성장속도가 느려지는데 발달 속도가 느린 과일은 설탕 농도가 높기 때문에 더 복잡하고 밀도가 커지는 등의 특성을 가진다는 것입니다. 나무의 그늘 또한 콩의 품질을 향상시키는 것으로 널리 알려져 있는데 그늘진 나무의 냉각 효과로 인해 콩 성숙 기간이 길어진다는 점을 들고 있습니다.

수확 후 가공, 로스팅, 분쇄 및 양조와 같은 다른 많은 매개변수가 결합되어 커피의 향미를 결정한다는 점에서 보면 과연 떼루아가 커피 향미에 절대적인가 하는 의문도 생깁니다. 좋은 원두를 얻기 위한 여러 기후 조건들 중의 하나라는 정도로 참고하면 어떨까 싶습니다.

가공방식
processing

커피를 마시기 위해 나무에서 수확한 커피열매를 그대로 이용할 수는 없습니다. 우리에게 필요한 것은 열매 속에 들어 있는 씨앗뿐이니까요. 판매되는 생두는 열매에서 여러 과정을 거쳐 가공된 뒤 상품으로 출하되고 이를 구매한 사람이 로스팅을 통해 최종 상품을 판매하게 됩니다. 커피열매를 수확하여 열매 속에 들어 있는 씨앗을 건조해 공급하기까지 다양한 과정을 거치게 되는데 이 과정 전반을 가공방식processing이라 말합니다.

생두 가공에 여러 가지 방식이 이용되는 이유는 크게 두 가지 측면에서 생각해 볼 수 있습니다. 하나는 가공을 통해 생두가 지닌 향미를 잘 발현시키고 이를 통해 수익을 실현하기 위한 것이고,

다른 하나는 농가가 처한 환경에 적합한 방법을 적용하는 현지성 locality이라는 측면입니다.

커피에서 느낄 수 있는 향미의 잠재적인 특성은 생두 상태에서 어느 정도 결정되어 있다고 우리는 알고 있습니다. 하지만 로스팅을 통해 그 향미의 발현이 강해지거나 다양해지는 것처럼 생두를 건조해 로스팅 직전의 상태로 만드는 과정에서도 다양하게 변화를 줄 수 있습니다. 물론 이러한 가공방식이 앞서 설명한 것처럼 반드시 향미에 변화를 주기 위한 것만은 아니며 지역이 처한 특성이나 전통, 상업적 측면 등 다양한 이유에서 다루어진다고 볼 수 있습니다. 내추럴natural, 워시드washed, 펄프드 내추럴pulped natural 또는 허니 프로세스honey process, 그리고 무산소 발효anaerobic fermentation 등이 대체적으로 우리가 접할 수 있는 가공방식들입니다.

내추럴 프로세스는 가장 오래된 가공방법이고 대체적으로 물 공급이 쉽지 않은 지역에서 주로 이루어져 왔습니다. 수확한 열매 그대로 일정 수분율에 도달할 때까지 건조시킨 후 과육을 제거하는 방법입니다. 과육이 지닌 맛과 향을 흡수하는 시간이 길어짐으로 인해 보다 강한 바디감과 질감을 느낄 수 있지만 그 정도에 따라 불필요한 냄새까지 묻어날 수 있다는 점에서 섬세한 관리가 뒤따라야 고품질의 생두 생산이 가능한 방법입니다. 물을 채운 수조를 통해 열매를 선별하는 과정을 거치지 않기 때문에 건식과정dry process이라 불립니다.

워시드 프로세스는 단어가 내포하듯 과육을 제거하고 펄프와 점액질을 제거하는 과정에 물이 사용되는 방법입니다. 불필요하게 붙어 있는 요소들을 제거해 씨앗의 상태로 건조시키기 때문에 긍정적인 신맛과 씨앗이 지닌 다양한 맛 성분 간 밸런스를 느낄 수 있다고 이야기합니다. 산미가 좋고 생두 고유의 맛을 즐길 수 있다는 장점을 지니고 있지만 대량의 물이 필요하다는 환경적인 문제♣를 안고 있습니다.

허니 프로세스 혹은 펄프드 내추럴이라 부르는 방식은 수확 후 과육을 제거하지만 씨앗을 싸고 있는 점액질 성분은 씻어내지 않고 건조하는 방식입니다. 코스타리카의 경우처럼 점액질이 남아 있는 양에 따라 까만색에서 노란색까지 색깔별로 분류하기도 합니다. 물은 상대적으로 적게 쓰면서 컵 퀄리티는 높이는 절충적인 방식입니다.

무산소 발효anaerobic fermentation는 커피 과육을 벗긴 상태에서 발효시키는 과정을 거친 후 건조하는 방식입니다. 발효는 좁은 의미로는 산소 없이 당을 분해해서 에너지를 얻는 대사 과정을 말합니다. 원래 커피에서 발효의 목적은 파치먼트에 붙어있는 점액질 mucilage을 제거하는 것이었지만 발효과정에서 시간이나 온도, 그리

고 산소 차단이라는 임의적인 방법으로 커피의 향미를 얻어내는 방법을 일컫습니다. 커피 원두를 점액질이 묻어있는 파치먼트 상태로 용기 안에 넣고 이산화탄소를 밀어 넣어 산소를 차단하는 탄산 침용carbonic maceration이라는 방법이 주로 사용됩니다.

산소가 차단된 커피체리는 이산화탄소를 생성해 탄수화물과 그 속의 당을 분해하면서 젖산을 포함한 다양한 향기 성분을 생성하게 됩니다. 최소 36시간에서 길게는 300시간에 걸쳐 커피 발효 시간을 조절해 젖산 등의 다양한 유기산을 생성하거나, 자연 미생물 대신 새로운 효모와 유산균을 이용하여 기존 커피와는 다른 독특하고 다양한 향과 맛을 만들어내기도 합니다. 2014년 월드바리스타챔피언인 사사 세스틱Sasa Sestic 이후로 여러 바리스타들이 변형된 방법으로 이를 선보여 커피경연대회를 중심으로 각광받았는데, 커피애호가들 사이에서는 뜨거운 반응과 더불어 커피 고유의 향미와 관련한 논란의 중심에 서 있는 방식이기도 합니다.

가공방식의 차이는 향미의 다양성과 지역문제를 해결하려는 방식, 그리고 상업적인 측면에서 바라보아야지 컵 퀄리티의 좋고 나쁨에 대한 기준이 될 수는 없습니다. 커피는 객관성을 추구하지만 결국 주관의 범위를 벗어나기 힘들고, 취향의 문제로 바라볼 수밖에 없기 때문입니다.

Wet Process

수확 ➡ 선별 ➡ 과육 제거 ➡ 점액질 제거(수조 발효) ┅┅┅➡ 건조 ➡ 도정 ➡ 워시드
harvest   selecting   pulping   demuciliage   drying   hulling   washed

점액질 제거(기계) ┅┅┅➡ 건조 ➡ 도정 ➡ 세미 워시드

수확 ➡ 선별 ➡ 과육 제거 ┅┅┅➡ 건조 ➡ 도정 ➡ 펄프드 내추럴

Dry Process

수확 ➡ 선별 ➡ 건조 ┅┅┅➡ 도정 ➡ 내추럴

신맛과 쓴맛

acidity & bitterness

커피 향미에서 가장 흥미로운 지점이 바로 신맛(산미)과 쓴맛에 대한 평가가 아닐까 생각합니다. 산미는 커피의 향미 요소 중 하나일 뿐 그 자체로는 좋지도 나쁘지도 않습니다. 그렇지만 신맛을 스페셜티 커피의 한 특성으로 간주하며 즐기는가 하면, 피해야 할 맛으로 인식하여 즐기지 않는 분들도 있습니다.

신맛은 커피 원두에 구연산, 사과산, 아세트산을 포함한 특정 산acid이 존재하기 때문에 발생합니다. 적절한 양의 산은 커피에 기분 좋고 복잡한 맛을 제공합니다. 아라비카종은 일반적으로 로부스타종보다 산성이 더 높은 것으로 간주되고 있습니다. 높은 고도에서 자란 커피가 산도 수준이 더 높은 경향이 있는 반면, 낮은 고도에서 자란 커피는 산도 수준이 낮을 수 있습니다. 또한 라이트 로스팅된 원두는 일반적으로 다크 로스팅된 원두보다 산도가 더 높습니다. 연구에 따르면 커피 원두를 더 오래 볶고 뜨거울수록 클로로겐산 수치가 낮아진다고 합니다. 클로로겐산chlorogenic acid(CGA)은 그 자체로는 신맛을 내는 물질이지만 초기 로스팅 과정에서 쓴맛을 내는 락톤lactone으로 전환됩니다. 락톤은 부드럽고 균형 잡힌 쓴맛을 유발하는데 로스팅 과정이 더 진행되면서 클로로겐산과 락톤은 페닐인단phenylindanes을 만들게 되고 이 물질이 기분이 좋지 않은 쓴맛을 만든다고 합니다.

커피 산미의 좋은 점 중 하나는 커피의 다른 풍미를 끌어내는 데 도움이 될 수 있다는 것인데 바로 쓴맛과의 균형을 맞추는 데 도움이 된다는 점입니다. 커피의 쓴맛 또한 향미 프로파일의 필수적인 부분으로, 어떤 면에서는 커피의 정체성 같은 것이기도 합니다. "써야 커피"라고 말하는 분도 있으니까요. 하지만 문제는 쓴맛이 컵의 다른 맛을 압도하여 불쾌하거나 거친 뒷맛을 남길 때 발생합니다.

과잉 추출은 쓴 커피의 가장 흔한 원인입니다. 물과 커피 가루가 너무 오래 접촉해 쓴맛을 드러내는 물질이 과도하게 추출된 경우에 발생합니다. 분쇄된 커피 입자가 미세할수록 접촉하는 부위가 많아지므로 쓴맛을 얻을 가능성이 높아집니다. 너무 곱게 분쇄된 커피를 사용하면 쓴맛이 나는 이유입니다. 뜨거운 물은 쓴맛을 내는 화합물을 더 많이 추출하게 하는 경향이 있습니다.

커피에서 경험할 수 있는 맛을 풍부하게 하는데 신맛과 쓴맛이 기여하는 요소인 것만은 틀림없습니다. 물론 과도하지 않다는 전제가 필요합니다. 각자의 취향에 맞게 로스팅되고 추출된 커피를 찾아야 하는 이유이기도 합니다.

로스팅
roasting

커피를 즐기기 위해 모두가 로스터가 될 수는 없습니다. 로스팅을 위해서는 비용과 공간 등 제반 문제가 너무나 많습니다. 가정에서 진행하는 수동 로스팅은 아무래도 한계가 있기 때문에 대부분은 로스팅된 원두를 구매하여 즐기게 됩니다. 그래도 로스팅의 기본 원리를 어느 정도 파악하고 있다면 로스팅을 통해 어떤 향미가 발생하는지, 우리가 추구하는 맛이 어떻게 발현되는지 이해할 수 있습니다. 그래야만 어떤 원두를 적절하게 선택할지도 결정할 수 있기 때문입니다. 즐겨 찾는 로스터리 숍에서 제공되는 원두를 판단하고 내가 찾는 맛에 가장 가깝게 작업하는 숍을 선택할 수 있다면 훌륭한 원두를 지속적으로 이용할 수 있습니다. 로스팅 방

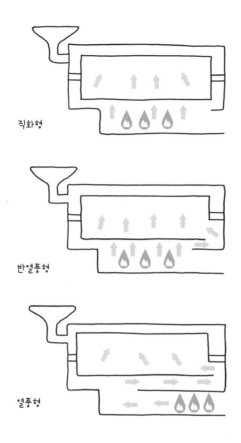

직화형

반열풍형

열풍형

식은 추출을 선택하는 데도 좋은 정보를 제공하기 때문에 내가 구매한 원두가 어떻게 로스팅된 것인지 아는 것이 꽤 중요하다고 할 수 있습니다.

로스팅 기계에 따른 맛 차이는 매우 크지만 모든 사람이 다 느낄 수 있다고 할 수는 없습니다. 일반적으로 로스팅 기계, 즉 로스터는 직화식 로스터, 반열풍식 로스터, 열풍 로스터로 나눌 수 있습니다.

원통을 눕힌 기계에 열원을 직접적으로 받아 통과하는 생두를 직접 데워 볶는 방식의 직화식 로스터는 경제적이며 커피의 맛과 향이 직접적으로 표현된다는 장점이 있습니다. 하지만 생두의 팽창률이 상대적으로 적고 균일한 로스팅이 쉽지 않다는 단점이 있습니다. 이를 보완하기 위해 통 뒤쪽으로 열풍이 들어와 연소된 가스가 드럼 내부를 순환하면서 커피를 볶는 방식이 반열풍 로스터입니다. 반열풍은 열효율이 좋아 직화식보다는 균일한 로스팅이 가능하지만 부피가 크고 관리가 힘들다는 단점이 있습니다.

완전 열풍식 로스터의 경우에는 연소된 가스로만 드럼 안으로 커피를 날려 생두 사이사이 열이 고르게 전달되도록 하기 때문에 균일한 결과물을 얻을 수 있고 짧은 시간에 로스팅이 가능하다는 장점을 가지고 있습니다. 다만 개성표현에는 아쉬운 점이 있습니다. 대개 직화식 또는 반열풍식 중에 전도열을 중심으로 하는 로스터는 단맛과 바디감이 강조되고, 열풍과 대류열을 중심으로 사용하는 반열풍식 로스터의 경우 산미와 향미가 선명하다고 할 수 있습니다.

물
water

지역이나 인종별로, 또는 각 개인마다 향과 맛에 대한 기억과 반응이 다르듯 어떤 물을 이용해 커피를 추출하는지도 커피 맛을 좌우하는 꽤 중요한 요소라고 할 수 있습니다. 커피 추출액의 98% 이상이 물이니 당연한 일입니다. 내가 목표로 삼은 향과 맛을 의도 대로 드러내고 싶다면 그에 맞는 물을 선택해야 합니다. 어느 카페에서 맛 본 커피가 환상적이었는데 동일한 원두를 집에 가져와 내가 추출해보니 완전히 다른 맛이 났던 경험이 한 번쯤 있을 것입니다. 그 이유에는 추출방법과 원두 상태, 마시는 시점의 분위기 등 다양한 요소가 작용할 수 있는데 물이라는 변수도 중요한 몫을 했다고 보아야 합니다.

카페와 같은 업소에서는 물 관리를 제대로 하지 않으면 아무리 값비싼 머신과 그라인더를 이용해 커피를 추출하더라도 효과적인 추출이 이뤄지지 않을 수 있고 스케일로 인해 머신의 수명을 단축시킬 수도 있습니다. 예전에는 물 관리가 단순히 커피 머신의 스케일 문제로만 많이 간주되었다면, 현재는 물 안에 녹아든 미네랄 성분의 함유량과 구성이 커피 맛에 영향을 끼치는 정도에 대하여 예민하게 분석하고 관리하는 추세입니다.

커피를 추출하는 데 필요한 물을 선택하기 위해 경도, 알칼리도, pH 등에 대한 개념을 알아둘 필요가 있습니다. 물 속에 녹아있는 칼슘과 마그네슘의 용존합계량을 경도hardness라고 부릅니다. 일반적으로 수질의 척도로 사용되는 것입니다. 수돗물의 수질기준인 총경도는 물 1리터 중 칼슘과 마그네슘의 양을 모두 탄산칼슘의 양으로 환산한 합계치를 나타낸 것인데 대체적으로 200㎎/ℓ 이상인 물을 경수로, 100㎎/ℓ이하로 칼슘이나 마그네슘이 조금밖에 용해되어 있지 않은 물을 연수라고 부릅니다. 국내에서 먹는 물은 대개 50㎎/ℓ이하의 연수라고 볼 수 있습니다.

칼슘과 마그네슘과 같은 양이온은 음이온의 성질을 가지는 커피 원두 속 유기물질을 추출하는데 도움이 됩니다. 이들 미네랄들이 커피의 향미를 추출하는 역할을 담당하기 때문에 경도가 높다면 커피성분을 많이 녹여낼 수 있다는 의미가 됩니다. 그래서 많이 녹여낼수록 풍부한 맛을 보여줄 것 같지만 좋지 않은 맛까지 함께 추출하기 때문에 향미에 오히려 좋지 않은 역할을 하게 됩니다. 적절한 선을 지켜야 하는 이유라고 할 수 있습니다. 이런 양이

온은 뜨거운 보일러 안에서 물이 증발될 때 스케일로 흡착되어 머신에 문제를 일으키기도 하기 때문에 에스프레소 추출에서는 특히나 주의를 기울여야 합니다. 그래서 SCA는 17~85ppm 정도의 경도를 추천하고 있기도 합니다.

물 속에 수소이온 농도가 얼마나 되는가를 숫자로 간단히 표현하기 위해 만들어진 단위인 pH값도 중요한데 pH가 낮으면 우리가 산성이라 부르고, 대체로 물의 용해도가 떨어져 추출률이 떨어집니다. SCA는 커피에 pH 6.5~7.5를 최적으로 추천하고 있습니다.

산을 중화시키는 능력을 말하는 알칼리도alkalinity◆는 자칫 추출과정에서 과도할 수 있는 신맛을 방지하는 역할을 담당하게 됩니다. 물 속에 들어있는 중탄산이온이 양이온인 수소이온과 결합해 부드럽게 중화시키는 것인데 이를 완충제buffer라고 부릅니다.

이처럼 그저 아무 변화 없는 것처럼 보이지만 물은 그 안에서 활발한 화학적 움직임을 갖고 있음을 알 수 있습니다. 동일한 향미를 가질 것이라 예상되는 원두가 국가와 지역을 달리하면 전혀 다

◆알칼리도alkalinity

수중에 포함되어 있는 탄산수소염, 수산화물 및 탄산염 등을 중화하는 데에 필요한 산의 양에 상당하는 알칼리량을 탄산칼슘의 mg/l로 표시한 것으로 산소 소비라고도 한다. 총 알칼리도는 샘플 내 존재하는 모든 알칼리(모든 탄산염, 중탄산염, 수산화 이온)를 100만 분의 1로 측정하는 것으로 총 알칼리도는 pH 변화에 저항하는 물의 능력을 측정한 것이다.

른 향미를 나타낼 수 있는 것도 모두 이런 물의 성분 때문이라는 것을 커피 추출과정에서 염두에 두어야 합니다. 완전히 증류된 물과 정수된 수돗물, 그리고 브랜드마다 다른 생수제품은 저마다 다른 커피 향미를 보여줍니다. 시판되는 생수의 정보에서 필요한 미네랄을 파악해 보고 동일하게 추출해 보거나 정수기와 섞어 사용해보는 것도 맛을 찾아가기 좋은 방법일 수 있습니다.

모든 것은 복합적입니다. 온도, 시간, 로스팅 정도에 따라서도 얼마든지 추출 강도와 향미가 달라질 수 있고 이를 고려해 물의 성분도 맞춰 갈 필요가 있습니다. 중요한 것은 자신이 원하는 맛을 찾아가 보는 것입니다. 모든 사과가 동일한 맛을 내지 않듯 커피도 종류와 여러 변수에 따라 품고 있는 향미가 다르다는 점을 감안해야 합니다. 물도 그 중요한 일부분이라는 것만 잊지 않는다면 좋겠습니다.

그라인더
grinder

신선한 재료를 바로 요리한 것이 최상의 맛을 제공하듯 커피 또한 마찬가지입니다. 원두는 분쇄된 상태에서 향미를 훨씬 빨리 잃어버리기 때문에 추출하기 직전에 분쇄하는 것이 가장 좋습니다. 홀빈whole bean 상태에서 2~3주 안에 추출하는 것이 최상의 맛을 제공한다면 분쇄된 상태의 원두는 더 빨리 소비해야 합니다. 휘발성 성분인 향의 손실이 많아지기 때문입니다. 어쩌면 그라인더가 필요한 가장 큰 이유일 것입니다.

그렇다면 어떤 그라인더를 선택해야 할까요? 원하는 굵기의 분쇄도 조절이 용이하고 균일한 크기로 분쇄 가능한 그라인더를 선택하는 것이 중요합니다. 추출방식에 따라 필요한 원두의 분쇄도가 달라집니다. 굵은 크기라면 시간을 오래 두고 추출해야 하고 입자가 작다면 단시간에 추출해야 합니다. 또 커피성분이 충분히, 그리고 골고루 빠져나오려면 단면이 규칙적이어야 합니다. 커피에서 지름이 0.1mm 이하 크기를 미분fine이라고 하는데 미분이 많으면 과도한 추출이 이뤄지거나 물의 흐름을 막아 추출에 악영향을 끼치게 됩니다. 일반적으로 미분 발생이 적은 그라인더가 좋은 그라인더라고 할 수 있습니다. 또 추출하는 시간은 동일하므로 동일한 굵기의 분포가 많아야 합니다. 서로 다른 크기를 많이 가지고 있다면 추출되는 성분에서 차이가 나서 원하는 향미를 끌어내는 데 문제가 있을 수 있습니다. 이런 여러 가지 측면을 고려해 그라인더를 선택해야 합니다.

그라인더에서 핵심은 날이라고 볼 수 있습니다. 이 날의 형태에 따라 블레이드blade나 버burr로 나눠지는데 블레이드는 그라인더 내부에서 날카로운 날을 회전시켜 원두를 잘라내는 방식입니다. 일정 크기가 되면 배출되는 것이 아니라 지속적으로 절삭되기 때문에 분쇄 입자가 작아지고 미분에서 크기가 굵은 입자까지 다양하게 분포하게 됩니다. 또한 발생하는 열 때문에 분쇄된 원두 가루가 가진 휘발성분이 날아가 버릴 수 있다는 치명적인 단점도 안고 있습니다. 비교적 저렴한 블레이드방식의 그라인더를 가동해보면 손에 전달되는 뜨거운 열기를 느낄 수 있습니다. 물론 가격에서는 장점을 지닙니다.

버 방식은 회전하는 날과 고정된 날 사이의 간격을 조절해 분쇄 굵기를 조절하고 일정한 분쇄도를 유지하도록 합니다. 코니컬

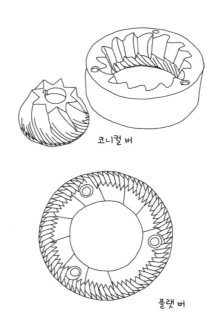

코니컬 버

플랫 버

버conical burr 형태를 사용하는 기기가 플랫 버flat burr 형태를 사용하는 기기보다 열이 적게 발생하기 때문에 연속적인 사용에 유리하고 분쇄속도도 빠른 편입니다. 반면 미분의 경우에는 일반적으로 플랫 버가 적게 발생하고 분쇄도의 세밀한 조절에서 유리한 측면이 있습니다. 카페처럼 많은 양의 원두를 분쇄해야 하는 경우가 아니라면 플랫 버가 코니컬 버보다 유리하다고 할 수 있습니다. 둘다 블레이드 방식보다는 균일한 분쇄도를 얻을 수 있습니다.

어느 정도 분쇄할 것인지는 추출도구에 따라 달리해야 합니다. 체즈베cezve가 가장 곱게 분쇄해야 한다면 프렌치프레스french press처럼 다소 긴 시간동안 물에 잠겨 있는 도구에는 자칫 커피성분이 과다하게 추출될 수 있기 때문에 비교적 굵은 분쇄도를 가지도록 해야 합니다. 커피성분이 많이 빠져나온다면 긍정적인 성분과 부정적인 성분이 함께 나온다는 의미가 되기 때문입니다. 흔히 체즈베 < 모카포트 < 핸드드립 < 프렌치프레스 순으로 점점 굵게 분쇄도를 조절할 것을 권장하고 있습니다.

어떤 그라인더를 선택하느냐의 문제만큼 중요한 것은 그라인더를 청소하는 것입니다. 그라인더를 사용하면 날과 그 공간에 원두 가루가 어쩔 수 없이 남게 되고 이를 서둘러 빼내주지 않으면 흡착되어 산패하는 경우도 발생합니다. 자연히 커피 맛에 영향을 끼칠 수밖에 없습니다. 매번 브러시를 이용해 털어주는 것이 좋지만 힘들더라도 며칠에 한 번씩은 나사를 풀고 청소해 주는 것이 좋습니다. 좋은 그라인더라도 청소하지 않아 향미를 얻기 힘들다면 아무 소용이 없을 테니까요.

온도

temperature

브루잉을 위해 대개 88℃에서 96℃ 사이의 물을 사용할 것을 권장하고 있습니다. 하지만 추출을 시작할 때와 끝날 때의 온도가 다르고, 해당 원두나 로스팅 정도에 따라 조금씩 다르게 온도를 설정해야 하기 때문에 몇 ℃가 최적의 온도라고 말하는 것은 쉽지 않습니다. 심지어 사람마다 마시기 편한 온도가 다르기 때문에 좋은 커피의 온도라는 것조차 취향의 편에 서게 됩니다.

카페에서 브루잉을 한다면 일관성을 위해 자신이 설정한 온도를 온도계를 이용해 파악하는 것이 자연스러운 일이겠지만 홈카페라면 끓는 물을 잠시 두었다가 바로 사용하거나 이리저리 옮겨 담으며 물을 식히는 것으로 자신만의 온도를 설정할 수도 있습니다.

물의 온도가 높을 경우 일반적으로 커피성분이 잘 녹아나오기 때문에 쓴맛, 단맛 등이 고루 추출되지만 과도할 경우 쓴맛이 강해질 수도 있습니다. 반면 온도가 낮으면 신맛과 떫은맛이 쓴맛보다 더 많이 추출되는 경향이 있다는 것도 생각해야 합니다. 또 커피를 추출하는 시간을 고려해야 하기 때문에 오랜 시간 추출하다 보면 너무 낮은 온도로 인해 추출이 불균형을 이룰 수도 있습니다. 온도만 변경하는 것으로 변화하는 커피 향미의 정도는 미미하다는 것이 현재까지 알려진 결과입니다. 너무 뜨겁거나 너무 낮은 온도를 피해 자신에게 적당한 온도를 원두에 따라 설정하는 노하우를 쌓아 가시길 바랍니다.

드리퍼와 필터

dripper & filter

필터를 이용하여 브루잉을 할 경우 다양한 드리퍼를 사용하게 됩니다. 드리퍼는 대부분 리브rib라는 이름의 튀어나오거나 들어간 결을 지니고 있고 재질도 플라스틱부터 도자기까지 다양합니다. 칼리타, 멜리타, 고노, 하리오 등이 널리 이용되는 종류이며 바리스타들이 개별적으로 개발한 드리퍼들도 판매되고 있습니다.

멜리타Melita : 드리퍼 바닥 중앙에 추출구가 1개 있는데 구멍의 지름은 3㎜ 정도입니다. 드리퍼의 모양은 사다리꼴이며 내부에 리브가 직선으로 나 있습니다.

칼리타Kalita : 추출구가 3개입니다. 구멍의 지름은 5㎜ 정도로 리브는 멜리타보다 길게 드리퍼의 위까지 나 있습니다. 리브가 원형으로 되어 있는 칼리타 웨이브 드리퍼도 함께 이용됩니다.

고노Kono : 멜리타와 칼리타보다 추출구가 커서 지름이 대략 15mm 정도됩니다. 물 빠짐이 다른 드리퍼보다 빠를 수밖에 없고 물 붓는 방식으로 추출속도를 조절해야 합니다. 흔히 말하는 점드립이라는 방식이 이용되기도 합니다. 맛의 구현이 다양하다는 말은 그만큼 일관성있는 추출이 어렵다는 말이기도 합니다.

하리오Hario : 리브가 나선형이며 드리퍼의 끝까지 나 있습니다. 추출구가 고노보다 좀 더 큽니다. 구멍의 지름은 18mm 정도입니다. 푸어오버 방식에서 많이 쓰이는 드리퍼라고 할 수 있습니다.

드리퍼에 끼워 사용하는 필터는 종이필터와 금속필터, 천필터 등으로 나눌 수 있습니다. 어떤 방식의 브루잉을 하느냐, 편리함과 가성비 등이 고려된다고 할 수 있습니다.

종이필터는 린싱의 문제가 이야기되는데 표백되지 않은 종이필터에서는 종이 맛이 날 수 있기 때문에 린싱(분쇄커피를 필터에 담기전 물을 흘려 씻어주는 것)이 필요하지만, 표백된 흰 필터는 그렇지 않다고들 합니다. 커피가 모두 추출되고 난 후의 상황에서 특별한 맛의 차이를 느낄 수 있는가에 대해서는 명확한 결론은 없어 보입니다. 개인적으로 종이필터에서 불쾌한 냄새를 맡는 경우가 아니라면 그냥 사용해도 무방해 보입니다.

금속필터는 일회용 필터의 사용을 줄일 수 있다는 점에서 비용이나 환경적인 문제를 고려할 수 있지만 미분을 완전히 걸러주지 못한다는 점을 고려해야 합니다. 융드립 등에서 사용되는 천필터는 오일을 걸러내고 미분의 효과도 줄일 수 있지만 일정 횟수를 사용하면 버려야 하고, 세척하는 경우에도 새것과의 맛 차이를 고려해야 합니다. 모두 사용자에게 가장 적합한 도구를 선택하는 것이지, 어느 것이 최상이라 말하기는 어려울 것 같습니다.

농도, 양과 시간

coffee strength

추출을 통해 얻어지는 커피 맛을 결정하는 요소로는 물, 원두, 시간, 분쇄도 등이 있습니다. 추출과정은 분쇄된 원두와 물이 만나는 과정이라고 할 수 있습니다. 필터 커피에서 한 잔의 커피 안에는 대략 98%가 물이고, 2% 정도만 커피성분이 녹아있습니다. 그렇다면 이들의 상관관계를 알아야 자신의 취향에 맞는 커피를 추출할 수 있을 것입니다.

설명을 위해 가상의 설정값을 하나 만들어 두도록 하겠습니다. 두 잔의 커피(400㎖)를 추출하기 위해 붓는 물 800㎖, 분쇄한 커피 30g, 추출하는 시간 2분을 기본값으로 설정하겠습니다. 즉 800㎖의 물을 30g의 커피에 2분간 부어 400㎖를 추출한다는 것입니다.

이제 커피의 농도에 대해 알아보겠습니다. 커피에서 농도 strength는 한 잔의 커피 속에 녹아있는 커피성분의 양이 전체에서 몇 퍼센트를 차지하고 있느냐를 나타냅니다. 커피가 진한가 연한가 하는 표현 속에는 농도가 아닌 쓰거나 다른 맛을 나타낼 수도 있다는 점에서 엄밀하게 농도를 나타내는 표현이라고는 할 수 없습니다.

농도가 2%(녹아있는 커피 양이 8g)보다는 5%(녹아 있는 커피 양이 20g)가 더 진하겠죠. 이 농도를 높이기 위해서는 어떻게 해야 할까요. 분쇄한 커피 양을 늘리거나 동일한 양이라면 분쇄도를 더 가늘게 해 물과 커피가루가 닿는 면적을 넓히고 커피성분이 더 추출되게 해야 할 것입니다. 또 물줄기를 가늘게 해 추출되는 시간을 길게 가져간다면 접촉하는 시간이 길어 성분이 더 많이 빠져나올 수도 있겠죠. 반대로 농도를 낮추려면 커피 양을 줄이거나 분쇄도를 크게 해 접촉하는 부분이 적게 해주면 될 것입니다. 이처럼 커피성분을 조금이라도 더 추출했을 때 우리는 커피의 농도가 진해졌다(높아졌다)고 말할 수 있습니다.

정리하자면 여러 가지 비율을 조정해 추출되는 커피성분의 양을 달리하면 농도가 달라지고 각자 느끼는 커피 맛도 달라지게 될 것입니다. 결국 동일한 원두를 추출한다고 가정할 때 커피 맛을 결정짓는 것은 커피와 물 양의 비율이라고 할 수 있겠습니다.

이 같은 절차를 잘 이해하고 조절하기 위해 필요한 도구가 있습니다. 바로 저울입니다. 비율을 알기 위해선 저울을 사용해 커피의 양과 물의 양을 계량해야 합니다. 저울을 사용해 비율을 맞춰 커피를 내리면 다른 조건이 동일하다는 전제 하에서 비슷한 느낌의 커피를 맛볼 수 있을 겁니다. 우선 저울 위에 서버를 놓고 드리퍼를 올린 다음, 분쇄된 커피를 드리퍼에 담은 후 영점을 맞추어 그때부터 붓는 물의 양을 계산하면 됩니다.

이런 내용을 수치화한 브루잉 컨트롤 차트The Coffee Brewing Control Chart라는 것이 있습니다. 브루잉 컨트롤 차트에는 지금까지 이야기한 여러 내용들이 모두 요약되어 있는데 이 차트의 중앙 부분에 들어가도록 하는 것이 이상적인 추출 범위라는 것을 보여줍니다. 차트의 X축은 추출 수율을, Y축은 추출 농도(TDS로 표현)를 나타냅니다. 이상적인 범위라고 설정되어 있지만 어디까지나 이론적인 것이고 지역마다 편차가 있을 수 있다는 점 또한 고려해야 하니 차트에 너무 매몰될 필요는 없습니다. 그리고 품종이나 가공방식이 다른 원두마다, 사용되는 물이나 분쇄정도에 따라서도 얼마든지 달라질 수 있다는 점에서 참고로만 사용하면 될 것 같습니다.

이러한 방식을 참고하여 일관성 있는 브루잉을 하려면 커피와 물의 양의 비율을 설정해 두고 같은 비율이 나오도록 조절하면 됩니다. 전문가들마다 1:16, 1:12 등의 다양한 비율을 권장하지만 취향은 다르니 적절히 조절해 본인에게 맞는 비율, 혹은 레시피를 마련하시면 됩니다.

추출수율Extraction Yield : 분쇄된 커피의 양 가운데 물속에 녹아든 커피 양을 나타내는 비율.

추출 농도Strength, TDS : 커피 안에 녹아 있는 고형물(커피성분)과 물의 비율.

추출 비율Brew Ratio : 분쇄된 커피의 양과 추출된 커피 총량의 비율.

브루잉? 핸드드립?

brewing or hand drip

브루잉brewing의 사전적 의미는 양조하거나 끓여내는 것을 말합니다. 커피에서는 에스프레소를 추출하는 방법을 제외한, 여과하거나 우려내는 방식에 의한 추출을 통칭해 일컫는 용어로 쓰이고 있습니다. 흔히 핸드드립hand drip이나 푸어오버pour over처럼 필터에 담긴 커피가루에 물을 부어 여과시키는 방식이나 사이펀과 같이 끓는 물과 접촉하는 방식, 또는 프렌치프레스나 클레버와 같은 도구에서 한동안 우려내는 방식 모두를 포괄하는 방식을 말합니다. 커피 원두가 지니고 있는 수용성 성분을 다양한 방식을 통해 추출하기 때문에 저마다 가진 특성에 따라 독특한 느낌과 향미를 지닌 커피를 즐길 수 있다는 장점이 있습니다.

브루잉에서 어떤 도구를 이용할 것인지는 순전히 커피를 즐기려는 이의 취향에 달려 있습니다. 아마 카페에서도 바리스타가 판매하는 커피의 향미를 가장 잘 드러내기 위해 자신이 정한 방식을 선택할 것입니다. 가정에서는 한 가지 방식을 고집할 수도, 매번 다양한 방식으로 추출해 커피가 지닌 맛을 그때그때 고려하며 즐길 수 있습니다. 중요한 것은 각 방식마다 추구하고자 하는 바가 다르므로 최적의 맛을 찾아내는 것도 본인이 해야 할 몫이라는 것입니다. 저마다의 레시피를 개발하거나 누군가의 것을 참조하는 것 모두 자연스러운 일입니다. 물론 그 최적이라는 것도 커피가 열매에서 얻어지는, 그때그때 순간의 산물이기 때문에 달라지는 변수를 고려해야 하는 어려움이 있지만 일관성에서 다소 차이가 있다고 해서 커피를 마시는 즐거움을 앗아가지는 않을 겁니다. 우리가 가정에서 혹은 다른 곳에서 즐기는 커피는 공산품이 아니니까요.

흔히 핸드드립이라는 이름으로 불리는 방식은 여러 가지 다양한 드리퍼를 이용해 해당 바리스타만의 고유한 방법으로 커피가루 속에 물줄기를 제어하며 물을 투입하는 방식을 말합니다. 반면 푸어오버라는 방식은 물줄기를 제어하기 보다는 추출에 필요한 물을 방식에 구애받지 않고 전체적으로 커피가루가 잠기도록 부어 커피성분을 추출하는 방법입니다. 이들 두 방식에 따라 커피 맛에 차이가 있다는 주장도 있고 극히 차이가 미미하다는 주장도 있습니다. 저는 다른 모든 변수를 통제한 가운데 물 붓는 방식만으로는 맛에 큰 차이는 없다는 쪽의 생각을 지니고 있지만 그 맛의 차이는 객관화가 어려운 것도 사실입니다.

핸드드립이냐 푸어오버냐를 구별하기보다는 보다 크게 맛의 차이를 일으킬 수 있는 커피가루와 물의 비율Brewing Ratio, 커피가루의 굵기, 온도, 추출시간 등에 더 관심을 기울이는 것이 좋을 듯합니다. 커피가루와 물의 비율을 조절하는 것에 따라 추출되는 커피 성분의 함량이 달라질 수 있고 가루의 굵기, 즉 분쇄도에 따라서도 추출되는 커피성분의 차이가 빚어질 수 있습니다. 온도나 추출시간은 커피가 지니고 있는 단맛과 신맛, 쓴맛의 추출량을 좌우하게 되므로 그 적정선을 찾아내는 것이 중요합니다. 보통 3분 내외의 시간에 88~95℃의 온도, 1대 16의 커피가루와 물의 비율(원두 20g, 추출 커피 320mL=1:16) 등이 권고되지만 말 그대로 권장사항일 뿐입니다. 앞서 추출농도에서도 이야기한 것처럼 어떤 지역, 어떤 품종, 어떤 가공방식과 로스팅 상태인가에 따라서도 달라질 수밖에 없으므로 고정된 숫자에 연연하기보다는 선호하는 원두에 맞는 레시피를 스스로 만들어가는 것이 커피하는 재미를 찾는 데도 도움이 될 것입니다.

단맛과 신맛을 선호하고 쓴맛을 가급적 배제하고 싶다면 추출시간을 길게 잡아서는 안 됩니다. 이들 맛을 지닌 성분이 물과 만나 빠져나오는 시간에 차이가 있기 때문입니다. 대개 쓴맛을 지닌 성분이 늦게 빠져나오는 것으로 알려져 있습니다. 물 온도가 높을수록 추출이 빨리 진행된다는 점도 참고해야 합니다.

앞서 이야기했다시피 커피가루와 물이 골고루 닿아 원두가 지닌 커피성분을 충분히 원하는 만큼 빠져나오게 하는 것이 중요합니다. 따라서 핸드드립이든 브루잉이든 그 목적을 달성하는 방법 중 자신에게 어울리는 방법을 선택하면 됩니다. 맛조차도 기분 혹은 심리적인 요인에 의해 차이를 나타낸다고 믿는 것이 사람이지만, 자신이 가장 잘 알고 잘하는 방식이 최적의 브루잉 방식이라는 점만 이해하면 좋을 것입니다.

에스프레소와 머신

espresso & machine

에스프레소는 고온고압의 물을 곱게 분쇄된 커피가루에 짧은 시간 동안 통과시켜 고농축의 커피를 내린 것으로 익스프레스express라는 단어에서 유래되었습니다. 19세기 말부터 20세기 초반 이탈리아에서 시작된 에스프레소 머신의 발전과정을 살펴보면 1884년 안젤로 모리온도Angelo Moriondo가 최초의 증기 압력 커피머신 특허를 획득했는데 이 기계는 대량 생산용이었습니다. 이후 1901년 루이지 베체라Luigi Bezzera가 증기를 이용하여 압력으로 빠르게 추출하는 방식을 개발했는데 현대적인 에스프레소 머신의 원형이라고 불리고 있습니다.

1903년에는 파보니Pavoni가 베체라의 특허를 구입해 상업적으로 생산을 시작했고 1906년 밀라노 박람회에서 파보니가 에스프레소 방식을 소개하면서 널리 알려지기 시작했습니다. 1933년에 서야 프란체스코 일리Francesco Illy가 반자동 에스프레소 머신을 개발했고 이후 1938년 크레모네시Cremonesi가 피스톤 펌프를 개발해 끓는 물 대신 뜨거운 물을 사용함으로써 더 자연스러운 맛을 얻을 수 있게 되었습니다. 1946년에는 아킬레 가지아Achille Gaggia가 스프링 레버 방식의 에스프레소 머신을 개발하기에 이릅니다. 이 기계는 9bar의 압력으로 추출할 수 있어 현대적 에스프레소의 특징인 크레마를 만들어냈습니다. 1961년에는 파에마Faema사가 전기 펌프를 사용한 에스프레소 머신을 출시했는데 이 디자인이 현대 에스프레소 머신의 기본이 되었습니다.

이렇게 에스프레소 머신이 발전을 거듭함에 따라 머신을 사용하는 카페들이 많이 생겨나게 되었습니다. 1990년대 시애틀에서 시작한 체인점이 에스프레소 문화를 확산시키고 일본을 비롯한 전 세계에서 일반적인 커피문화로 자리 잡았습니다. 한국에서도 스타벅스의 영향으로 다방과 핸드드립 카페에서 에스프레소를 기본으로 하는 음료가 기준이 되는 방식의 카페가 늘어나게 되었습니다.

에스프레소는 약 9bar의 압력과 90~95도 사이의 뜨거운 물로 약 16~18g의 원두를 30초 내외의 빠른 시간동안 고농축된 커피 50~60ml 커피 2샷을 추출하는 것으로 일반화되었습니다. 그러나 현재는 바디감 강하고 고소한 쪽의 에스프레소, 다양한 싱글 에스프레소와 스페셜티 에스프레소 등으로 추출법이 다양화되고 있습니다. 6~12bar의 압력, 22g의 많은 원두, 30초 넘게 추출하는 방식, 원두의 1.2~2배 양을 추출하는 방식 등 생두와 원두의 상태에 따라 변화되는 추출법도 많아지고 있습니다.

에스프레소 머신은 반자동, 자동, 슈퍼자동(완전자동)으로 불리며 세 가지 분류로 나뉘는데 일반적으로는 반자동 형태의 에스프레소머신을 가장 많이 사용합니다. 반자동머신은 바리스타가 직접 커피 그라인더를 이용하여 커피를 분쇄하고 포타필터 바스켓에 커피를 받아 레벨링이라는 커피 평탄화 작업을 한 이후 탬핑 작업, 그리고 추출시간을 직접 제어하여 한 잔 한 잔의 커피를 신경 써 추출하는 방식입니다. 그러나 작은 가게 또는 커피가 주력이 아닌 가게에서는 자동머신을 사용하기도 합니다.

자동머신은 기계에서 자동으로 커피를 분쇄하고 일정한 유량으로 에스프레소를 추출하는 방식입니다. 이런 자동머신은 커피 상태에 따라 변화되는 것이 아니라, 일률적인 분쇄와 추출만 있기 때문에 가장 최선의 맛을 선택하기보다는 기계적인 추출이라는 단점이 있습니다. 최근에는 이런 단점을 극복하기 위해 최신 IT기술과 AI기술을 통하여 원두의 상태를 확인하고 추출시간과 추출양에 따라 분쇄도를 변화시켜 좀 더 업그레이드한 슈퍼자동(완전자동) 에스프레소 머신도 나오고 있습니다.

옛 자동머신에서 원두의 최대용량은 약 12g 정도였고 지금의 슈퍼자동 머신에서는 약 18~20g까지도 커피가 담기는데, 세팅했던 커피의 추출 시간, 추출량 등을 파악하여 좀 더 완벽한 에스프레소를 추출하기 위한 시스템이 많이 추가되었습니다. 그래서 요즘 테이크아웃 커피 전문점에서는 완전자동 에스프레소 머신을 이용하여 효율성을 극대화하고 한 잔의 커피를 추출하기 위한 시간을 줄이는 방식으로 진화해 가고 있습니다. 예전에는 전문성 없어 보이던 자동머신의 한계를 뛰어넘어 바리스타의 효율을 극대화하고 더욱 일률적이고 완벽한 에스프레소를 추출하기 위한 기술이 접목된 슈퍼자동(완전자동) 에스프레소 머신의 시대가 새로운 카페의 형태가 될 수 있습니다.

한 잔의 에스프레소를 완벽하게 하기 위한 자동머신이 있듯 한 잔의 완벽한 스팀우유를 위한 기계들도 많이 생기고 있습니다. 버튼 하나로 원하는 우유의 온도 거품 양을 설정할 수 있고 바리스타가 스팀우유를 만드는 시간보다 빠르게 고객들에게 제공할 수 있습니다. 좋은 스팀우유를 만들기 위해 교육해야 하는 시간을 줄일 수 있고 각 바리스타마다 차이 나는 우유스팀 능력을 균일화 할 수 있는 기술들이 조금씩 많은 가게로 확산되고 있는 상황입니다.

커피 등급

coffee grade

판매를 위한 상품이기 때문에 생두는 등급이 매겨질 수밖에 없지만 그 등급 기준은 전 세계에서 동일하게 적용되는 것이 아니라 커피 생산국마다 다양하게 규정됩니다. 일반적으로 생두 등급은 크게 결점두의 수, 생두의 크기, 재배고도 등에 따라 분류되고 있습니다.

우선 벌레가 먹거나 곰팡이가 피는 등 생두에 결함이 있는 결점두의 수를 파악해 등급을 분류하는 국가들이 있습니다. 대략 300g의 샘플을 채취하여 그 안에 있는 결점두의 개수를 파악하고 등급을 분류하는데 대표적으로 에티오피아와 인도네시아를 들 수 있습니다.

생두의 크기가 클수록 품질이 뛰어날 것이라는 관점에서 등급을 매기는 국가도 있습니다. 이들은 '스크린 사이즈screen size'라는 단위를 사용해 크기를 잽니다.(1 스크린 사이즈는 1/64인치(대략 0.4mm)로 스크린 사이즈가 18이라고 할 경우 크기가 약 7.2mm 정도를 의미) 생두의 크기로 분류하는 대표적인 커피 생산국이 케냐인데 E, AA, AB, PB, C, T, TT 등의 등급으로 나뉩니다. 스크린 크기 21(8.4mm) 이상을 통과한 것이 E, 스크린 크기 18 이상은 AA, 스크린 크기 16(6.35mm) 이상은 AB, 그리고 PB는 스크린 크기 12 이상을 통과한 것입니다. PB는 피베리peaberry를 말하는 것으로 커피 열매 안에 생두가 1개인 경우를 말합니다. 콜롬비아에서는 스크린 크기 17 이상을 수프리모supremo, 스크린 크기 14 이상을 엑셀소excelso로 부릅니다. 브라질은 생두의 크기와 결점두 수에 맛까지 포함시켜 등급을 매기기도 합니다. Santos NY 2/3는 스크린 크기 17/18, 'fine roast', 'strictly soft', 'fine cup' 일 때의 등급입니다. 그리고 Santos NY 4/5는 스크린 크기 14/16, 'good roast', 'strictly soft', 'good cup' 일 때의 등급입니다. NY라는 등급표기는 뉴욕무역거래소New York Board of Trade(NYBOT)의 기준에 따라 만들어진 등급을 의미합니다.

생산고도가 높을수록 상위 등급을 주는 국가들도 있습니다. 일반적으로 멕시코, 과테말라, 온두라스, 코스타리카, 페루, 니카라과, 파나마, 엘살바도르 등이 이 분류를 사용합니다. 페루에서는 고도 1,350m 이상에서 생산된 커피에 SHBStrictly Hard Bean 등급을, 1,200~1,350m에서 생산된 커피에 HBHard Bean 등급을 각각 부여합니다. 과테말라에서는 SHB 등급을 고도 1,600~1,700m에서 생산된 커피에 매깁니다. 이보다 낮은 고도에서 생산된 커피는 FHBFancy Hard Bean, HBHard Bean 등으로 구분합니다.

이같은 등급체계가 훌륭한 품질을 보증하는 절대기준이 될 수는 없습니다. 또한 등급체계는 굳어진 것이 아니라 어떤 품질의 커피를 요구하느냐에 따라서 앞으로도 계속 수정되고 변화할 가능성이 있다고 보아야 합니다.

지금까지 살펴본 것이 생두 상태에서 거래되기 위한 등급이지만 상품 거래의 관점에서 유형과 무형의 가치를 포괄한 등급이 커피시장에는 존재합니다. 바로 스페셜티 커피specialty coffee*라고 불리는 커피를 말합니다. 스페셜티 커피는 단순한 농작물 거래의 관점에서 등급을 평가하는 방법과는 달리 과학적 방법에 의한 품질 평가를 비롯해 유통되는 전 과정의 요소를 고려한 의미로까지 인식되고 있습니다.

협회나 조직마다 적용하는 평가 방법과 기준은 약간씩 다르지만 형식적으로 스페셜티 커피는 스페셜티커피협회(SCA)가 제시하는 기준을 따르고 있는데, 단위 무게 당 결점두 수가 적고 고

---

*스페셜티 커피specialty coffee

스페셜티 커피라는 용어는 1974년 미국의 커피 사업가 에르나 크누첸Erna Knutsen이 '티 & 트레이드 저널Tea & Trade Journal'과의 인터뷰에서 처음 언급했고 1978년 프랑스 몽트뢰에서 열린 국제커피회의 기조연설에서 '스페셜티 커피'라는 용어의 정의를 공식적으로 사용했다. 에르나 크누첸은 "특수한 환경적 조건이 커피 원두를 독특하고 특별한 풍미를 가진 커피 품종으로 성장시킨다"라는 서술적 용어를 사용하여 스페셜티 커피를 정의했다.

유의 향미와 개성이 뛰어나야 하고, 재배 지역의 고도, 기후, 토질이 커피 생산에 적합한지도 고려대상이 됩니다. 고유의 향과 개성이 발현되도록 로스팅하고 숙련된 바리스타가 적절한 기구를 사용해 추출할 것을 규정하고 있습니다. 보통 커핑을 하고 나서 총점을 냈을 때 100점 만점에 80점 이상을 받으면 스페셜티, 79점 이하는 커머셜로 불립니다. 같은 커머셜이라고 해도 70~74점은 하이커머셜, 75~79점은 프리미엄 등급으로 구분하며 일반 커머셜 커피보다 좋은 가격에 거래됩니다.

어떤 형태이든 커피가 시장에 나옴으로써 등급이 매겨지는 것은 어쩔 수 없는 현상입니다. 그렇다고 그 등급이 우리가 마시는 한 잔의 커피에 그대로 적용되는 것이라고 볼 수는 없습니다. 그러한 기준들은 보다 건강하고 풍부한 향미를 지닌 커피를 사람들이 접하는 데 도움을 주고 생산자와 소비자 모두에게 긍정적인 방향으로 작용하다는 전제 위에서 의미를 가지게 될 것이라 생각합니다.

Part II
오늘의 커피

사계절, 내게 어울리는 커피 찾기

르완다 카롱기 버번 허니

Rwanda Karongi Bourbon Honey

1월

TODAY COFFEE

Rwanda Karongi Bourbon
Honey

ROASTING: Medium Light

NOTE: Honey, Lemon Syrup

ALTITUDE: 1900~2100M

VARIETIES: Bourbon

눈을 바라보며 맞는 꿀맛 같은 휴식

르완다는 아프리카 대륙 중앙에 자리 잡은, 작지만 매력적인 국가로 '천 개의 언덕'이라는 별칭이 있을 정도로 멋진 풍경이 잘 알려져 있습니다. 고산지대와 다채로운 기후 조건이 커피 재배에 이상적인 환경을 제공한 까닭에 르완다 커피는 독특한 떼루아와 뛰어난 품질로 세계적인 명성을 얻고 있습니다.

르완다 커피는 일반적으로 밝은 산미를 가지고 있지만 케냐 커피보다는 산미가 덜 날카롭고, 에티오피아보다는 바디감이 더 강조됩니다. 독일 선교사들이 20세기 초 처음 커피나무를 소개한 이래 커피가 주요 수출품목으로 성장해 왔지만 1994년 소수 민족을 대상으로 한 내전이 발생하면서 약 50만 명에서 100만 명으로 추산되는 사망자를 낳았고 커피 수출도 완전히 붕괴되었습니다. 2천 년대 들어 르완다 정부가 커피 농가에 대한 규제를 완화하는 등 품질 개선과 무역에 힘쓰고 여러 NGO가 르완다 커피 산업을 재건하기 위해 협력하면서 커피 산업이 살아나기 시작했습니다. 품질 개선을 위해 2001년 첫 중앙 워싱 스테이션이 설립된 이래 르완다 전역에 300개 이상의 워싱 스테이션이 운영되고 있다고 합니다. 2008년에 첫 번째 컵 오브 엑설런스Cup of Excellence를 개최한 바 있습니다.

르완다의 지형은 해발 1,500m를 웃도는 고지대에 펼쳐진 다양한 언덕과 화산으로 이루어져 있습니다. 이러한 지리적 특성은 커피나무가 자연스럽게 자랄 수 있는 완벽한 서식 조건을 제공합니다. 특히 르완다의 커피 재배지역은 비옥한 화산토와 풍부한 강수량 덕분에 커피나무가 건강하게 성장할 수 있는 최적의 조건을 갖추고 있는 것으로 보입니다. 르완다의 기후는 고온다습한 특징을 보이며, 특히 여름철에는 풍부한 강우량을 자랑하는데 다양한 풍미와 향을 지닌 고품질 커피를 생산할 수 있는 환경을 조성합니다. 르완다에서는 현재 대략 40만 명의 소농이 커피를 생산하고 있는데 이들은 평균적으로 1ha 미만의 농지에서 200그루 미만의 커피나무를 재배하고 있습니다. 2007년 르완다 국토 이용 통합 정책이 시행된 이후 커피 농장 면적은 약 5만ha로 크게 증가했다고 합니다.

르완다 고산지대에서 자라는 버번 품종은 르완다 커피생산에서 95%를 차지하고 있는 르완다의 대표적인 품종입니다. 프랑스가 예맨에서 가져온 품종을 식민지인 레위니옹에 심었고 거기서 살아남아 이후 선교의 발자취를 따라 널리 퍼지게 되는데 섬의 옛 이름을 따라 버본(부르봉)이라 불리게 됩니다. 버번 품종의 특징은 달콤한 꿀 향과 더불어 부드러운 바디감이라고 할 수 있습니다. 티피카 품종보다 잎의 폭이 넓고 수확량도 20~30% 가량 많습니다.

르완다에서 가장 유명한 커피 재배지역이라고 할 수 있는 카롱기 지역만의 독특한 떼루아는 이 커피에 더욱 풍부하고 복합적인 향미를 부여합니다. 수확한 체리를 세척한 후 선별한 체리를 펄프 기계로 벗겨내고 생두에 남은 과육의 일부인 점액질을 남긴 채 건조대에 말리는 방식, 바로 이 지역의 허니 가공법입니다. 균일하게 말리기 위해 자주 뒤집어주면서 건조를 시키면 남아있던 점액질에서 달콤한 꿀과 과일향이 빈으로 베어 들어 커피의 맛과 향을 다채롭고 풍부하게 만듭니다.

로스팅하기 전 생두 상태에서도 매우 달달한 꿀의 향기가 느껴집니다. 꿀과 고구마의 단맛을 내기 위해 미디엄 로스팅을 목표로 하는데 그러기 위해서는 달달하고 새콤한 맛에 뒷맛이 깔끔하도록 로스팅을 진행하는 것이 중요합니다. 대략 1차 크랙 이후 1분 15초에서 30초 사이에서 꿀이나 고구마의 단맛이 났고 벚꽃의 플레이버를 느낄 수 있었습니다. 조금 더 달고 바디감을 원할 경우 미디엄다크 쪽으로 로스팅된 원두를 구매한다면 더욱 진한 꿀과 황설탕의 단맛과 견과류의 고소함에 무거운 바디감을 느낄 수 있습니다.

르완다 커피를 즐기는 방법은 매우 다양합니다. 에스프레소, 드립 커피, 프렌치프레스 등 여러 추출방식을 통해 즐길 수 있으며 각 방식에 따라 커피의 맛과 향이 조금씩 다르게 표현됩니다. 특히 카롱기 버번 허니는 하리오 푸어오버 방식으로 추출했을 때 그 독특한 맛과 향이 가장 잘 드러날 수 있습니다.

감기에 걸렸거나 아주 추운 날에 꿀차 한 잔 해본 경험이 있으신가요? 새해의 출발점에서 겨울바람처럼 흩어졌다 멈추기를 반복하는 눈을 보셨다면 르완다의 커피 향기를 느껴보시기 바랍니다. 서늘하면서도 꿀처럼 달달함을 르완다 스페셜티 커피에서 느끼실 수 있을 테니까요. 만약 르완다가 없다면 케냐나 부룬디 쪽에서 꿀과 같은 달달한 커핑노트가 적혀있는 커피를 추천받아 마신다고 해도 좋은 대안이 될 것으로 생각됩니다. 케냐는 르완다과 같은 동아프리아에 위치해 있어 비슷한 떼루아를 느낄 수 있습니다.

비교하며 마셔보면 좋을 원두들

르완다 부산제
Rwanda Busanze
체리, 열대과일, 밀크 초콜릿

르완다 저스틴 워시드
Rwanda Justine Washed
오렌지, 캐러멜, 레드 애플, 대추야자

부룬디 카얀자 워시드
Burundi Kayanza Washed
헤이즐넛, 자몽, 밀크 초콜릿

잠깐!
추출도구
다루기

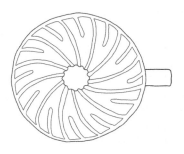

푸어오버의 베스트셀러
하리오 V60

하리오 V60은 커피 애호가들 사이에서 매우 인기 있는 핸드드립 도구입니다. 일본 하리오Hario사에서 제작한 드리퍼로 V자 형태의 심플한 디자인이 특징입니다. 고노 드리퍼와 헷갈릴 수도 있지만 드리퍼 내부의 리브 라인이 회오리처럼 되어 있는 V60의 경우 물의 흐름을 빠르게 하여 원두를 고르게 적시도록 도와주고 커피의 풍미를 극대화합니다.

원두와 물의 비율에 따라 폭넓은 맛 표현이 가능해 커피 애호가들에게 많은 사랑을 받고 있는 하리오 V60의 가장 큰 장점은 무엇보다 사용의 간편함입니다. 추출된 커피가 빠르게 빠질 수 있는 형태를 가지고 있어 부어주는 물줄기의 속도를 조절하기 편하기 때문에 초보자부터 전문가까지 모두가 만족할 수 있는 커피를 만들 수 있습니다.

하리오 V60은 세계 브루잉대회에서 사용되었고 가장 많이 우승한 도구인 까닭에 레시피도 다양합니다. 푸어오버라는 방식의 레시피가 유명합니다. 우선 커피를 추출하기 전 하리오 V60에 전용 필터를 넣고 뜨거운 물 100ml를 부어서 린싱을 진행합니다. 린싱은 1부에서 설명한 것처럼 커피 드리퍼와 필터를 밀착시키고 드리퍼를 데우는 효과를 줍니다. 이렇게 린싱이 다 된 필터에 준비한 원두를 넣고 원두의 2배 용량인 물을 부어 뜸들이기를 진행합니다. 약 30초 가량 커피를 전체적으로 적셔 주어 뜸을 들인 후 본격적인 추출을 시작합니다. 총 물의 양은 1:15의 비율로 잡아주는데 추출 시간은 원두의 분쇄도와 물줄기 속도에 따라 달라질 수 있으며, 2분 30초에서 3분 사이가 일반적이지만 레시피에 따라 달라질 수 있습니다. 처음부터 물을 한 번도 끊지 않고 계속적으로 물을 부어주며 드리퍼의 90%까지 준비한 물을 모두 부어주면 됩니다.(원두 20g을 사용했다면 커피 추출이 300ml가 될 때까지) 300ml가 되었을 때 드리퍼를 한쪽으로 치워서 정리를 하고 내려진 커피를 가볍게 저어 공기와 섞어주면서 마무리합니다.

커피를 추출할 때는 몇 가지 주의사항이 있습니다. 첫째 원두의 신선도를 확인해야 합니다. 로스팅 후 1주일 이내의 원두를 사용하는 것이 가장 좋습니다. 둘째 물의 온도는 88~95℃ 사이에서 조절해야 하는데 너무 뜨거운 물은 쓴맛을 유발할 수 있습니다. 셋째 물을 부을 때는 일정한 속도로 부어야 하며 원두가 고르게 적셔지도록 신경 써야 합니다.

커피의 맛은 원두에 따라 크게 달라집니다. 따라서 자신이 좋아하는 원두를 선택하는 것이 중요합니다. 다양한 원두를 시도해 보며 자신만의 취향을 찾아보는 것도 좋은 방법입니다. 예를 들어 과일 향이 나는 원두를 선택하면 상큼한 맛을 느낄 수 있고, 초콜릿 향이 나는 원두를 선택하면 부드러운 맛을 즐길 수 있습니다.

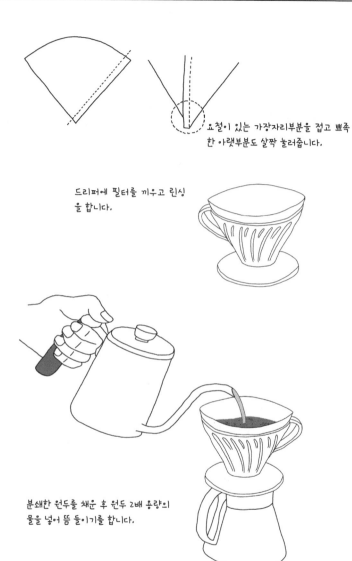

요철이 있는 가장자리부분을 접고 뾰족
한 아랫부분도 살짝 눌러줍니다.

드리퍼에 필터를 끼우고 린싱
을 합니다.

분쇄한 원두를 채운 후 원두 2배 용량의
물을 넣어 뜸 들이기를 합니다.

계속적으로 드리퍼의 90%까지 일정한
속도로 물을 부어줍니다.

1:15의 비율로 추출하고 마감합니다.

과테말라 우에우에테낭고 실비아 워시드 SHG

Guatemala Huehuetenango Sylvia Washed SHG

2월

TODAY COFFEE

Guatemala Huehuetenango
Sylvia Washed SHG

ROASTING: Medium Dark

NOTE: Almond, Dark Chocolate

ALTITUDE: 1800M

VARIETIES: Bourbon

오래된 미래를 만나는 오후

과테말라는 중앙아메리카에 있는 국가 중에서도 물과 토양이 좋아 커피의 기본 품질 자체가 뛰어난 곳으로 평가되는 곳입니다. 스페셜티 커피 열풍이 불기 전에도 중남미 커피의 추천항목에서 빠지지 않고 등장하는 지역이었습니다. 하지만 빈번한 이상 기후와 코로나19로 커피를 재배하는 농민들이 줄어들고 커피 선물 투기 바람까지 맞물려 최근에는 가장 크게 가격이 상승한 나라 중 하나입니다. 많은 로스터들이 블렌딩 원두로도 많이 이용하고 소비자들은 브루잉 용도로 많이 찾는 국가가 과테말라이다 보니 로스터리 업체나 카페, 그리고 커피를 찾는 소비자들에게도 가격 상승으로 인한 타격이 상당히 크게 느껴지고 있습니다.

과테말라에 커피나무가 반입된 것은 1760년대 경이었으나 관상용에 머물렀습니다. 수출을 위해 안티구아에서 커피가 재배되기 시작한 것은 1840년이 되어서였고 1855년 처음 미국 캘리포니아로 수출이 이뤄졌습니다. 안티구아와 함께 국내에도 많이 수입되고 있는 우에우에테낭고는 더 늦은 1900년대부터 본격적으로 커피 재배가 이뤄지기 시작했습니다.❖

과테말라의 토양은 미네랄이 풍부하여 커피에 특유의 단맛을 부여하는데 과테말라 커피 원두는 특유의 적당한 산미와 과일 향이 더해져 높이 평가됩니다. 과테말라에는 안티구아Antigua 지역을 비롯해 아카테낭고Acatenango, 아티틀란Atitlán, 코반Cobán, 프라이하네스Fraijanes, 우에우에테낭고Huehuetenango, 오리엔테Oriente, 산마르코스

San Marcos 등으로 분류되는 8개의 커피 생산지역이 있습니다.

국내에 비교적 오래 전부터 알려진 안티구아 지역은 비옥한 화산 토양과 풍부한 일조량, 적절한 습도, 그리고 시원한 밤에 노출되어 커피 재배에 이상적인 조건을 가지고 있습니다. 이 지역 숲이 만들어 주는 빽빽한 나무그늘은 커피나무를 주기적인 서리로부터 보호하고 있고 아구아Agua, 푸에고Fuego, 아카테낭고Acatenango 3개 화산이 미네랄이 풍부한 화산재를 정기적으로 날려 토양을 비옥하게 해줍니다. 그래서 안티구아 지역의 커피는 커피를 좋아하는 사람들에게는 매우 익숙한 이름입니다.

과테말라의 생두는 밸런스 좋은 산도와 달달한 향미를 갖추고 있으며 바디감 또한 풍부합니다. 과테말라 생두의 대체적인 커핑 노트를 보면 초콜릿, 아몬드, 캐러멜과 같은 고소하고 달달한 특징을 많이 지니고 있는데 그중에서도 안티구아 커피는 진한 초콜릿과 캐러멜 향과 함께 부드럽고 균형 잡힌 풍미로 유명합니다. 화산 폭발로 나온 질소를 많이 함유하고 있어 스모키함도 같이 포

✚

18세기 말에서 19세기에 라틴아메리카에서 커피 농장이 급격히 증가한 것은 사탕무를 이용한 설탕 생산방법이 발명됨에 따라 유럽에서의 사탕무를 사용한 설탕 생산이 늘어나고 이로 인해 라틴아메리카의 사탕수수 설탕생산의 채산성이 떨어진 데에서 이유를 찾을 수 있다. 수익성을 쫓아 커피 재배로 옮겨가게 된 것이다. 과테말라의 경우도 유럽에서 1850년대에 합성 염료가 개발되자 청색 염료 인디고나 코치니야 벌레에서 추출하는 코치닐 등 천연 염료 수출이 타격을 받게 되어 커피 재배로 눈을 돌렸다고 한다.

함하고 있다는 점 또한 안티구아 커피의 특징입니다.

과테말라에서 가장 고지대인 우에우에테낭고 지역은 건조한 열풍의 영향으로 서리가 내리지 않아 2,000m의 높은 곳까지 커피를 재배할 수 있다고 합니다. 안티구아와 다르게 스모키함이 적어 후미가 깔끔하고 단맛이 강해 마시기 편하다고 이야기하는 사람들이 많습니다. 커피체리 상태에서부터 퀄리티 높은 커피를 수확하고 워시드 가공으로 깨끗한 생두를 얻고 있어서 로스팅 진행 전에 이뤄지는 핸드픽을 더욱 수월하게 해준다는 장점도 가지고 있습니다.

로스팅 전 상태에서도 포도와 같은 단향이 느껴지는데 그에 맞춰 적포도의 단향과 배의 시원함, 아몬드의 단맛이 어우러진 노트를 기준으로 볶게 되면 로스팅 후에는 아몬드의 고소한 향이 분쇄 과정에서부터 강하게 펼쳐지는 것을 느낄 수 있습니다. 기본적인 과테말라 커피의 특징도 잘 가지고 있으면서 포도, 와인과 같은 달콤하고 기분 좋은 산미 특징을 보여주어 더욱 선호되는 것 같습니다. 또한 콜롬비아나 브라질 계통의 원두를 적절히 섞어 블렌딩으로 만들면 라떼류의 에스프레소에 적합하게 이용할 수도 있습니다.

자주 가는 카페에 과테말라 우에우에테낭고가 없을 경우에는 안티구아 SHB를 찾으셔도 무난한 선택이 될 수 있습니다. 비슷한 떼루아를 가지고 있어 고소한 견과류의 느낌을 안티구아에서도 느낄 수 있습니다. 추위의 끝자락에서 겨울을 보내기에는 무언가 아직 미련이 남습니다. 마지막 한 모금까지 깔끔한 우에우에테낭고 커피로 그 섭섭함을 달래보시기 바랍니다.

비교하며 마셔보면 좋을 원두들

과테말라 엘 인헤르토 우에우에테낭고 워시드
Guatemala El Injerto Huehuetenango Washed
오렌지, 플로랄, 바닐라, 브라운 슈거

과테말라 안티구아 SHB 워시드
Guatemala Antigua SHB Washed
스모키, 아몬드, 브라운 슈거

코스타리카 웨스트 밸리 카투아이 워시드
Costa Rica West Valley Catuai Washed
레몬, 꿀, 초콜릿

에티오피아 기게사 구지 내추럴

Ethiopia Gigesa Guji Natural

3월

TODAY COFFEE

Ethiopia Gigesa Guji
Natural

ROASTING: Medium Light

NOTE: Strawberry | Fruity

ALTITUDE: 1900~2100M

VARIETIES: Mixed Heirloom

입속에 퍼지는 꽃들의 향연

에티오피아 커피는 그동안 '이르가체페(예가체프)Yirgachefe'라는 이름으로 국내에 잘 알려졌고 아프리카 커피의 대명사로 사랑받아왔습니다. 아마도 다른 지역 커피와는 많이 다른 느낌을 받을 수 있는 향미를 제공하기 때문일 것입니다. 에티오피아 고지대에서 자라난 커피나무들은 독특한 환경 조건 덕분에 더욱 풍부한 향미를 자랑하는데 우리가 에티오피아 커피의 특징으로 접하는 갖가지 꽃향과 과일향은 내추럴 방식의 가공법에서 찾을 수 있습니다.

생두는 수확 후 자연건조 과정natural process을 거치면서 커피 열매의 겉껍질과 과육 부분이 서서히 마르게 됩니다. 이 과정에서 생두는 거친 표면과 다양한 모양을 하고 있는 것이 특징이며 특유의 풍부한 향과 맛도 형성됩니다. 내추럴 가공은 햇빛과 바람을 이용해 과육이 붙은 상태에서 건조되기 때문에 산미보다는 단맛과 바디감이 강조될 수 있습니다. 생두를 유통하는 채널에 따라서는 덜 숙성되거나 지나치게 숙성된 생두를 한 번 더 제거하고 크기에 따라 분류하는 단계를 거쳐 더욱 질 좋은 생두를 구매자에게 보내주기도 합니다.

구지Guji 생두는 개인적으로 2024년에 참가한 로스팅대회에서 사용한 것이라 더욱 애정이 가는 것이기도 합니다. 생두를 핸드픽하는 순간순간에도 달콤하고 과일향이 풍부했는데 베리 계열의 단맛과 체리향을 느낄 수 있도록 중배전으로 로스팅을 시도했습니다. 블루베리, 체리, 초콜릿 등 다양한 맛과 향이 느껴지며, 신맛이 강하고 중간 정도의 무게감을 지니고 있습니다. 대부분의 에티오피아 원두들이 흔히 그렇듯 로스팅포인트는 미디엄입니다. 이 커피를 더블 리스트레토로 내리고 흑설탕 2g을 첨가하면 블루베리나 블랙베리 같은 달콤한 베리향을 느낄 수 있습니다. 이 조합은 입안 가득히 퍼지는 풍부한 과일향과 달콤함으로, 마치 디저트를 즐기는 듯한 기분을 선사합니다. 물론 브루잉으로 추출해도 그 향을 만끽할 수 있습니다.

에티오피아의 주요 커피생산지로는 짐마Jimma, 리무Limu, 베베카와 테피Bebeka & Tepi, 이르가체페Yirgachefe, 시다마Sidama, 하라Harar, 발레Bale 등이 익히 알려져 있습니다.♣ 옛 지명인 카파Kaffa에서 커피의 이름이 유래되어 더욱 사람들에게 알려진 짐마, 해발고도가 낮고 생두의 특징이 강하지 않아 베이스로 적합하기 때문에 많은

♣

에티오피아 커피에서 표기되는 생산지명은 행정구역이 복잡하게 얽혀 있어 헷갈릴 수 있다. 에티오피아의 행정구역은 1992년 민족단위로 구분되고 분화를 거듭해 현재는 12개의 지역 Region 아래에 구역Zone, 지구District(woreda)로 세분화되었다. 12개의 지역은 Afar, Amhara, Benishangul-Gumuz, Central Ethiopia, Gambela, Harari, Oromia, Sidama, Somali, South Ethiopia, South West Ethiopia Peoples, Tigray 등이다. 시다마는 이전에는 구역Zone에 속했지만 SNNPR 지역Region에서 독립하면서 지역으로 승격한 상태이다. 친숙한 이르가체페는 지구, 하라는 구역에 해당한다. 현재 원두로 판매되는 커피는 대체적으로 보다 세분화된 마을 이름을 사용하는 경향이 커졌다.

양의 커피를 제조하는 회사들이 주로 에스프레소 블렌드용으로 많이 사용하는 베베카와 테피, 평균 해발 2,000m~2,500m 고산지 대에서 재배되고 아바야Abaya 호수를 끼고 있어 물이 풍부한 지역 인 까닭에 대부분 워시드로 가공되었지만 최근에는 스페셜티 바 이어들이 더 독특한 풍미의 커피를 찾아 내추럴 커피를 선호하게 되면서 더 높은 가격을 받을 수 있는 내추럴 방식을 하는 농장들 이 많아진 이르가체페, 이르가체페와 더불어 커피의 귀부인으로 불리는 시다마, 해발 1,800m~2,700m 사이에서 자라는 커피로 비 가 거의 오지 않는 지역이어서 대부분 내추럴방식으로 가공하는 하라 등이 꽤 유명합니다.

기게사Gigesa는 에티오피아의 유명 커피 생산구역인 구지Guji 구역zone 내 샤키소Shakiso 지구district에 위치하고 있는 작은 마을이 며 동시에 해당 워싱 스테이션washing station 이름이기도 합니다. 행 정구역으로는 오로미아Oromia 지역region에 해당합니다. 약 850명의 소농들이 기게사로 커피를 가져오는데, 에티오피아 커피에서 흔 히 볼 수 있는 것처럼 에티오피아 재래품종이 혼합되어 있습니다. 남부 에티오피아 지역South Ethiopia Region 게데오 구역 이르가체페와 경계를 마주하면서도 국내에서는 이르가체페에 비해 덜 알려져 있는 상황이지만 에티오피아 커피의 특징을 고루 갖추고 있는 매 력적인 커피라고 할 수 있습니다.

모든 식물들은 부모가 준 모양대로 태어나지만 똑같은 방식 으로 살아가지 않습니다. 에티오피아 커피를 판매하는 곳에서 원 두를 구매하면 겉봉투에 특정 품종을 적어 놓지 않고 그저 재래종

heirloom이라고만 표기된 경우가 많습니다. 에티오피아는 커피의 태생지답게 수많은 변종들이 같은 마을에도 함께 자라고 있어 일일이 그 다른 품종을 구분해 모으기가 힘들기 때문입니다. 그렇다고 품종이 확연이 달라 다른 맛을 내는 것도 아닙니다. 같은 형제자매들이 다채롭게 섞여 있기 때문입니다. 선조가 물려준 유산을 잘 이용해 새로운 자신을 만들고 있는 식물들이고 그 열매들입니다. 똑같은 모양으로, 똑같이 생각하며 살기를 강요하는 것은 오히려 인간들일 겁니다.

3월은 추위가 모두 물러난 것도 봄기운이 완연한 것도 아닌, 계절이 사람들의 눈치를 보는듯한 하루하루가 많습니다. 소개한 기계사 구지와 비슷한 커피를 찾는다면 이르가체페 첼바 내추럴도 좋은 선택지가 될 것 같습니다. 크렌베리 자두와 같은 달달한 과일 맛과 부드럽고 히비스커스와 같은 티처럼 즐길 수 있는 커피라고 할 수 있습니다. 그렇지 않더라도 에티오피아 남부 지역의 어느 커피를 선택하든 새봄을 느낄 수 있는 따뜻하고 향긋한 꽃의 화사함을 느끼시는 데는 부족함이 없을 것입니다.

비교하며 마셔보면 좋을 원두들

에티오피아 이르가체페 첼바 내추럴
Ethiopia Yirgacheffe Chelba Natural G1
블랙 체리, 자두, 파인애플

에티오피아 아리차 내추럴 G1
Ethiopia Aricha Natural G1
베리, 밀크 초콜릿

에티오피아 시다마 벤사 내추럴
Ethiopia Sidama Bensa Natural
자두, 붉은 베리류, 히비스커스

잠깐!
추출도구
다루기

핸드드립의 고전
칼리타 102

1950년대 일본 칼리타사에서 만들어진 커피 드리퍼의 대명사라고 할 수 있는 도구가 칼리다 102입니다. 그 이전에 많이 사용되었던 멜리타의 경우 사다리꼴 모양의 커피도구 바닥은 평평한데 작은 추출구 한 곳으로 인해 추출이 너무 느리다는 단점을 지니고 있었습니다. 이를 보완한 칼리타 102는 추출구를 세 개 가지고 있는, 당시로는 독창적인 설계로 추출의 안정성과 균형잡힌 맛을 가능하게 해주는 도구로 알려지며 널리 전파될 수 있었습니다. 1970~1980년대 일본 가정에서 흔히 사용되었으며 가장 일반적인 커피 추출도구로 자리 잡으면서, 그 단순한 사용법과 일관된 커피 맛 덕분에 많은 사랑을 받았습니다. 특히 칼리타가 지닌 세 개의 구멍 디자인은 아마추어 커피 애호가들이 집에서 전문가 수준의 커피를 손쉽게 추출할 수 있는 기회를 제공했다는 점에서 커피 문화 확산에도 큰 영향을 끼쳤다고 볼 수 있습니다.

칼리타의 추출방식은 미국과 유럽의 커피 문화에까지 영향을 주었는데 일본의 핸드드립 커피 문화가 시간이 지나면서 전 세계에 퍼지는 중심에 칼리타 드리퍼가 있었다고 할 수 있습니다. 사람들이 편하고 쉽게 집에서 핸드드립을 할 수 있도록 도와준 도구라고 생각합니다. 한국에서도 2천 년대 초 핸드드립을 제공하는 카페에서는 모두 칼리타 드리퍼를 사용할 정도로 널리, 그리고 전문적으로 사용된 추출 기구입니다.

기본 레시피

1인분 기준 원두는 약 12g, 추출량은 그 15배인 180ml를 내리기 위해 물은 약 210ml를 준비합니다.

전용 필터인 사다리꼴 필터를 접어 원두 12g을 채웁니다.

물 210ml(88~95℃) 중 30g을 부어 30초간 뜸을 들입니다.

1차 추출로 80ml, 2차 추출로 100ml를 붓고 180ml를 추출합니다.

서버를 흔들어 섞어 처음 추출된 커피와 나중에 추출된 커피를 잘 섞고 잔에 1인분 용량인 180ml 커피를 붓습니다.

이 추출법은 기본일 뿐이며 각 원두 종류나, 로스팅 정도에 따라 추출방식이나 농도를 다르게 할 수 있습니다.

사다리꼴 모양의 전용필터를 접어 드리
퍼에 끼운다. 필터는 측면과 아랫부분의
접는 방향을 반대로 해서 접는다.

필터 위에 분쇄한 원두를 채우고 물을
부어 뜸을 들인다.

중심에서 가장자리 방향으로 물을 붓는다. 두 차례에 걸쳐 물을 붓는다.

원두량의 15배에 해당하는 용량을 추출하고 멈춘다.

브라질 모지아나 내추럴

Brazil Mogiana Natural

4월

TODAY COFFEE

Brazil Mogiana Natural

ROASTING: Medium

NOTE: Almond, Chocolate

ALTITUDE: 900~1050M

VARIETIES: Catucai,

Mundo Novo

선입견을 없애는 초콜릿 맛 달콤함

브라질하면 축구와 커피가 떠오를 정도로 브라질은 대량 생산국의 이미지가 크지만 모지아나, 세라도, 미나스 제라이스 등의 지역에서는 스페셜티급 커피가 생산되고 있습니다. 일반적으로 사람들은 브라질 커피를 구수한 맛에 비유하거나 에스프레소를 만들기 위한 블렌드에 큰 비중을 두는 원두 정도로 생각하는 경우가 많습니다. 엄청난 양을 생산하는 브라질에는 고품질의 아라비카 스페셜티 커피도 있지만 로부스타까지 다량 생산된다는 점에서 브라질 커피를 균일화시켜 말하는 것은 불가능할 것 같습니다.❖ 다만 분명한 것은 브라질에도 스페셜티 커피를 생산하려는 농부들이 존재하며 실제 그런 제품들도 많다는 점입니다. 우리가 잘 모를 뿐이며 현재는 독특한 향미를 지니는 품질 좋은 브라질 생두들도 수입되고 있습니다.

제가 블렌딩 원두를 사용할 때 가장 많이 사용하는 국가가 브라질이고, 그 중에서도 모지아나 지역의 내추럴을 제일 많이 사

❖

풍부한 일조량, 비옥한 토양, 풍부한 수자원 등 유리한 기후 조건으로 브라질의 커피 생산량은 전 세계 커피 공급량의 30-40%를 차지하고 아라비카가 생산량의 70-80%를 차지한다. 브라질 남동부에서 가장 큰 커피 재배 지역인 미나스 제라이스Minas Gerais, 상파울루São Paulo, 로부스타와 아라비카가 함께 재배되는 에스피리토 산토Espirito Santo, 신흥 커피지역인 바이아Bahia, 브라질 남부에 위치하며 고품질 아라비카가 생산되는 파라나Paraná 등이 주요 산지이다. 브라질의 커피 수확은 일반적으로 5월경에 시작하여 9월까지 지속되는데 수작업과 기계식 두 가지 방식이 모두 이용된다.

용하는데 그 이유는 한 가지, 맛있기 때문입니다. 모지아나Mogiana 는 상파울루 북동부 지역에 위치하고 있으며 브라질에서 가장 오래된 커피 재배 지역 중 하나입니다. 19세기부터 생산이 시작된 이 지역은 고품질 아라비카 원두로 유명하며 브라질 최고의 커피 지역 중 하나라고 할 수 있습니다. 풀바디에 초콜릿과 캐러멜, 낮은 산미를 특징으로 합니다. 브라질 모지아나 지역이 맛있는 이유는 여러 가지 있습니다. 모지아나는 해발 900~1,050m의 고원지대에 있으며 화산활동으로 인해 철분 함량이 많은 붉은색 토양으로 유명합니다. 그리고 배수가 잘 되어 뿌리가 깊고 넓게 뻗어 커피나무가 튼튼하고 천천히 자랍니다. 더 많은 영양분을 흡수하고 자란 체리에서 얻어지는 씨앗이 당연히 맛있을 수밖에 없습니다.

생두 색은 살짝 노란빛을 띠는데 전형적인 내추럴 가공방식의 생두에서 볼 수 있는 색이라고 할 수 있습니다. 내추럴 가공법을 통해 과육의 풍부한 단맛과 다채로운 향미가 스며들어 있습니다. 브라질은 대개 내추럴 가공을 진행하고 초콜릿, 견과류, 캐러멜 같은 노트를 가지고 있습니다. 또한 땅콩의 고소함과 묵직하고 기분 좋은 단맛의 바디감을 지니고 있습니다.

이 원두로 블렌딩 로스팅을 진행할 경우 2차 크랙 이후 약 15초 정도 다크 로스팅을 진행하면 기름기가 나오기 직전까지 다크 초콜릿 색을 띠며 아주 고소한 땅콩 향을 내뿜는데 그 순간의 희열은 말도 못합니다. 특히 18g의 원두를 담고 약 35g의 에스프레소에 설탕 2g을 섞어 마시면 커피사탕을 녹여 마시는 듯한 아주 쫀득하고 맛있는 에스프레소를 경험하실 수도 있습니다.

언 땅을 녹이며 활기차게 솟아오르는 새싹처럼 모지아나는 브라질 커피가 밋밋하다는 선입견을 훌훌 날려버릴 원두가 아닐까 싶습니다. 옛 핸드드립 카페에서는 많이 찾을 수 있던 브라질 원두였지만 요즘에는 오히려 많은 지역과 다양한 가공방식의 브라질 원두를 싱글로 찾기 힘들 때도 있습니다. 블렌딩으로 많이 사용되기 때문인데 그래도 브라질을 싱글로 만날 수 있는 경우라면 모지아나 지역뿐 아니라 세라도, 산토스 지역 원두를 접해보는 것도 좋습니다. 무산소 발효나 옐로우, 레드 버번으로 가공된 브라질을 만날 수 있다면 더 좋은 경험이 될 것 같습니다.

비교하며 마셔보면 좋을 원두들

브라질 세라도 내추럴
Brazil Cerrado Natural
다크 초콜릿, 버터

브라질 엔리케 미나스 제라이스 펄프드 내추럴
Brazil Henrique Minas Jerais Pulped Natural
헤이즐넛, 초콜릿

브라질 옐로우 카투아이 내추럴
Brazil Yellow Catuai Natural
캐러멜, 견과류, 크리미

파나마 새비지 이리데슨스 게이샤 카보닉 매서레이션 워시드

Panama Savage Iridescence Geisha

Carbonic Maceration Washed

벚꽃 엔딩이 어울리는 날

TODAY COFFEE

Panama Geisha Carbonic
Maceration Washed

ROASTING: Medium Light

NOTE: Jasmine, Pineapple

ALTITUDE: 1800~2000M

VARIETIES: Geisha

신이 내린 향기의 터널을 지나다

이름이 참 깁니다. 긴 이름만큼 봄밤의 긴 여운을 간직할 커피를 소개할까 합니다. 이 커피는 생두 가격만으로도 kg당 13만 원 이상의 가격을 가지고 있는 커피입니다. 그만큼 한 잔 당 가격이 비싸고 커피에서 느껴지는 향도 다양합니다. 특히 카보닉 매서레이션carbonic maceration(탄산침용) 가공법을 사용한 파나마 원두는 2017년 월드 브루어스컵 2위와 월드 바리스타 챔피언십 5위를 수상한 원두였기 때문에 게이샤 커피를 한번쯤 느껴볼 수 있는 좋은 재료이기도 합니다.

신이 내린 커피라 불리는 게이샤 커피는 아라비카 품종 중 하나로 1930년 초 에티오피아 게샤Gesha 마을에서 처음 발견되었습니다. 일본과는 전혀 연관이 없는 게이샤 커피는 영어 Geisha 혹은 Gesha로 표기하며 원산지인 에티오피아 게샤 마을을 칭하는 의미로 사용되는 이름입니다.

게이샤 커피가 주목을 받기 시작한 것이 파나마의 에스메랄다 농장Hacienda La Esmeralda 때문이라는 사실은 이제 상식이 되었습니다. 게이샤는 파나마 보케테Boquete에 있는 에스메랄다 농장에 번진 곰팡이를 유일하게 막아낸 커피나무였고, 게이샤 원두의 진가를 알아본 농장 주인이 세계적인 커피 경연대회인 베스트 오브 파나마Best of Panama에 게이샤 원두를 출품해 만점 평가지를 받으며 주목을 끌게 됩니다. 꽃과 같은 향기와 깔끔한 단맛을 동반한 산미를 가지고 있어 마시는 순간 쏟아져 나오는 향미에 커피 전문가들도 감탄을 금치 못했다고 알려집니다. 이로 인해 일반 커피의 20배 높은 가격에 낙찰되어 판매됩니다.

게이샤 커피의 뚜렷한 특징 중 하나는 풍부한 향과 깔끔한 맛입니다. 게이샤 커피는 특유의 꽃향과 과일향이 도는 것으로 알려져 있습니다. 특히 재스민, 레몬, 자몽과 같은 아로마가 풍부하게 나타납니다. 또 부드럽고 균형 있는 산도와 단맛이 동시에 느껴지며 특유의 깨끗한 맛이 인상적입니다. 커피가 지닌 복잡하면서도 계층적인 맛이 돋보이는데, 특히 꽃과 과일의 미묘한 풍미가 훌륭합니다.

탄산침용 가공법은 와인에서 사용하는 발효 방법을 이용한 것으로 당도 높은 잘 익은 체리를 선별하여 이산화탄소를 주입한 탱크에서 발효를 시킵니다. 발효가 끝난 후 바로 건조대에서 대략 수분율 11%에 맞춰 건조시킵니다. 무산소 발효와의 차이점이라면 둘 다 산소를 제거한 환경에서 발효를 진행하는 것은 같지만 무산소 발효가 과육을 제거한 점액질 상태에서 생두를 발효하고, 탄산침용은 커피체리를 물을 이용하여 물보다 비중이 낮은 커피를 제거한 후 조금 더 당도 높은 과육을 함유한 커피체리를 선별하고 그 상태로 약간의 물에 미생물을 넣어 발효를 빠르게 진행한다는 점입니다. 이렇게 과육의 효모들이 발효를 통해 색다른 향미를 이끌어내고 건조과정에서 수분율 11%로 맞추었기 때문에 더욱 균일한 로스팅을 진행할 수 있습니다.

표면이 깔끔하고 살짝 어두운 색을 띠는 것이 특징이며 생두 자체에도 단향과 노란색 계열의 과일향이 아주 기분 좋게 풍깁니다. 로스팅을 할 때도 파인애플과 같은 향과 맛을 생각하며 로스팅을 진행하는데 조금 더 밝게 라이트 미디엄 정도의 포인트로 진행하기도 합니다.

라이트 미디엄으로 로스팅한 파나마 새비지 이리데슨스 게이샤 카보닉 매서레이션 워시드는 케맥스로 추출하는 것을 추천합니다. 케맥스는 하나의 리브와 사용하는 필터가 두껍고 촘촘해 다양한 향미에서 좋지 않은 잡미를 제거하는데 용이합니다. 깔끔한 클린컵을 만들기 쉽고 조금 더 향과 맛을 오래 가둬 두는데 좋은 도구라고 할 수 있습니다. 케맥스로 원두 25g에 물 350ml를 사용하여 총 280~300ml의 커피를 추출하면 재스민이나 파인애플과 같은 달콤하고 향기로운 커피를 즐길 수 있을 것입니다.

소개한 파나마 게이샤는 정말 구하기 어려울 수 있습니다. 파나마 게이샤의 기본적인 특징은 거의 모든 게이샤 품종이 가지고 있는데 재스민, 브라곳Braggot과 같은 꽃향과 가벼운 바디감을 지녀 차처럼 즐길 수 있는 품종입니다. 파나마의 떼루아적 특징인 태평양과 대서양이 만나는 지점에 위치한 미세기후가 커피가 성장하는데 도움을 주고 이러한 특징이 파나마 게이샤의 감귤향이나 핵과류(복숭아, 살구) 같은 달달한 향미를 지니게 합니다.

꼭 파마나 게이샤 카보닉 매서레이션 가공법이 아니더라도 파나마 지역의 게이샤 품종이 있다면 브루잉이든 싱글 에스프레소로라도 드셔보시는 것을 추천합니다. 추억은 자주 향기나 색으로 기억된다고 합니다. 수많은 커피 중 벚꽃이 휘날리는 거리에 너무 잘 어울리는 커피가 게이샤 아닐까 싶습니다. 봄날이 가는 아쉬

움을 게이샤로 달래보시죠.

비교하며 마셔보면 좋을 원두들

파나마 호세 게이샤
Panama Jose Geisha
재스민, 머스캣, 사과

파나마 나인티플러스 게이샤 애너러빅 내추럴
Panama Ninetyplus Geisha Anaerobic Natural
블랙 베리, 케인 슈거

콜롬비아 핀카 펠라 네그라 애너러빅 워시드
Colombia Finca Perla Negra Anaerobic Washed
리치, 레몬, 장미

잠깐!
추출도구
다루기

디자인에 홀리고 맛에 빠지고
케멕스

케멕스는 1941년 독일의 화학자이자 발명가인 피터 슐룸봄Peter Schlumbohm 박사에 의해 발명되었습니다. 슐룸봄 박사는 베를린 대학에서 화학 박사 학위를 받은 후 미국으로 이주하여 다양한 발명품을 선보였는데, 그 중 케멕스가 가장 성공적인 제품이 되었다고 합니다. 플라스크에 영감을 받아 만들게 된 케멕스의 장점은 디자인에 있습니다. 현대 미술관(MoMA)에도 전시될 만큼 현대적인 미를 가지고 있으며 과학적인 원리도 갖추고 있습니다.

도구 하나로 드리퍼와 커피 서버를 한 번에 이용하는 것이 가능하다는 것이 케멕스만의 장점인데 독특한 X자 구조와 에어 채널 디자인은 커피 추출 과정에서 발생하는 향기 성분을 효과적으로 가두어 둡니다. 이 구조 덕분에 추출된 커피의 아로마가 외부로 빠져나가지 않고 보존됩니다.

다른 추출도구와 다른 점은 필터가 상당히 두껍다는 점입니다. 케멕스는 일반 필터보다 20~30% 더 두꺼운 특수 필터를 사용합니다. 이 필터는 커피의 오일과 미세한 입자는 걸러내지만 풍부한 향미 성분을 통과시켜 깨끗하고 균형 잡힌 맛을 만들어냅니다. 그리고 필터가 물에 젖으면 유리 표면에 밀착되어 외부 공기를 차단합니다. 이로 인해 추출 과정 동안 커피의 향이 외부로 빠져나가지 않고 보존됩니다. 필터가 두꺼운 만큼 추출이 더욱 천천히 진행되어 특별한 기술 없이도 누구나 쉽게 사용할 수 있습니다.

모두 유리로 되어 있어 추출을 할 때보다 정리를 할 때 깨지지 않도록 조심해야 하는 단점이 있습니다. 그래도 사용이 편하고 추출하는 데 어려움이 없다는 점에서 다양한 커피를 균일하게 내리기 좋은 장점을 가지고 있습니다. 2011년 네덜란드 세계브루잉대회에서 아일랜드 선수가 케멕스를 이용한 추출로 우승한 적이 있을 정도로 간편하지만 전문적일 수 있는 도구입니다.

기본 레시피

3겹 부분을 주둥이 쪽으로 놓고 필터를 세팅합니다.

뜨거운 물로 필터를 적셔 종이 맛을 제거하고 케멕스를 예열합니다.

20g 정도의 원두를 중간보다 약간 굵게 갈아줍니다.

95°C의 물 50g을 부어 30초간 뜸을 들입니다.

원을 그리며 천천히 물을 부어 총 300g의 물을 사용합니다.

필터를 제거하고 케멕스를 살짝 돌려 커피를 섞어줍니다.

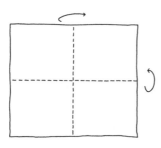

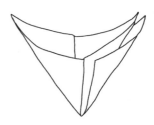

필터를 두 번 접은 후 한 쪽에 세 장이
겹치도록 벌려 케멕스에 장착한다.

원두를 채운 후 물을 부어 30초간
뜸을 들인다.

원을 그리며 천천히 물을 부어
추출한다.

중국 윈난 푸얼 워시드

China Yunnan Puer Washed

5월

TODAY COFFEE

China Yunnan Puer
Washed

ROASTING: Medium Light

NOTE: Citrus, Green Tea

ALTITUDE: 1500~1650M

VARIETIES: Catimor

차를 마시듯 부드러운 여운 가득

아시아 국가 대부분은 로부스타를 생산하고 인도네시아와 인도, 베트남, 태국, 라오스에서도 몇 개 지역에서만 아라비카 커피를 생산하고 있습니다. 한국에서는 그동안 인도네시아 정도에서만 아라비카 커피를 수입하고 거의 로부스타만 수입하는 것이 현실이었습니다. 하지만 최근 들어 중국에서 생산된 커피가 국내에 소개되면서 애호가들 사이에서는 상당한 인기를 얻고 있습니다.

중국 윈난 지방은 중국의 대표적인 커피 생산지 중 하나로, 이곳의 커피가 유통되기 시작하면서 그 독특한 맛과 향을 찾는 사람들이 늘고 있습니다. 아시아 국가들이 재배하는 커피는 전반적으로 낮은 산미, 그리고 무거운 바디감을 가지고 있는 것이 특징인데 중국 윈난 푸얼은 조금 다른 느낌의 향미를 지니고 있습니다. 윈난雲南성은 중국에서 커피 재배 시초가 된 지역 중 하나인데 사실 커피보다 '보이차' 산지로 우리에게 더 잘 알려져 있습니다.

20세기 초 유럽의 식민지 확장과 함께 이 지역에 커피가 도입된 이후 윈난성의 기후와 지형이 커피 재배에 적합하다는 것이 밝혀지면서 점차 커피 농장이 확대되기 시작했습니다. 윈난성은 해발 500~6,000m의 다양한 기후대를 갖고 있고 커피 생산지인 푸얼, 바오산, 더훙 등은 해발 800~1,800m에 위치해 있습니다. 특히 푸얼 지역은 커피 재배에 최적의 조건을 갖추고 있어 현재 중국 최대 커피 생산지로 자리매김하고 있습니다.

윈난성 농업농촌청에 따르면 2021년 윈난성의 커피 재배지

면적은 약 9만 3,000ha로 총 생산량은 10만 8,700t에 이릅니다. 그중 푸얼시는 윈난성 커피 재배지 면적과 생산량의 절반가량을 차지한다고 합니다. 2008년을 전후해 푸얼차의 가격이 폭락하고 중국인들의 커피 소비가 증가하면서 푸얼의 농민들은 푸얼차밭을 갈아엎고 커피나무를 심기 시작했다고 합니다. 커피 원두의 kg당 수익이 푸얼차보다 훨씬 높았기 때문에 푸얼시 정부도 농민 소득을 증대시키기 위해 커피를 기간산업으로 정했다고 합니다. 푸얼은 다양한 기후대를 형성하고 있어 일조시간이 길고 낮과 밤의 온도차가 커서 커피나무 재배에 유리한 이점을 지니고 있습니다. 푸얼 커피는 고산지대에서 재배되는데 고도가 높고 기온차가 크며 풍부한 수자원을 보유하고 있습니다. 이러한 환경은 커피체리가 천천히 성장하도록 해 더욱 풍부한 맛과 향을 만들어냅니다.

특히 푸얼 지역의 토양은 미네랄이 풍부하여 커피 품질을 한층 높이는 데 일조합니다. 다른 아시아 국가와 비슷하게 푸얼 커피도 일반적으로는 산도가 낮고 바디감이 풍부한 것이 특징입니다. 부드러운 여운과 함께 고소한 맛이 느껴지며 다양한 향미가 조화롭게 어우러집니다. 최근 소개되는 푸얼 커피는 살짝 더 밝은 감귤, 녹차, 풋사과 같은 기분 좋은 산미와 화이트 초콜릿, 견과류의 부드러운 바디감을 갖고 있습니다. 커피 품종은 잎녹병에 강한 카티모르가 주종을 이루고 있습니다.

푸얼 커피는 주로 워시드 방식으로 가공됩니다. 커피 맛을 더욱 깔끔하게 만들어주며 결점두를 쉽게 골라낼 수 있어 품질 관리에 유리한데 핸드드립이나 에스프레소로 즐길 때 각각 다른 맛의 변화를 경험할 수 있습니다. 최근 몇 년간 푸얼 커피가 국내외에서 큰 인기를 얻으면서 커피 전문점이나 카페에서 푸얼 커피를 메뉴에 포함시키는 경우가 늘어나는 추세입니다. 녹차를 만들기 위한 찻잎을 따는 시기인 5월. 보이차의 고향에서 생산된 커피 맛을 즐겨보는 것도 새로운 체험이 될 것 같습니다.

비교하며 마셔보면 좋을 원두들

라오스 볼라벤 워시드
Laos Bolaven Washed
라임, 홍차, 견과류

인도 몬순 말라바르
India Monsoon Malabar
초콜릿, 스파이스, 우디

베트남 다라트 아라비카 워시드
Vietnam Da Lat Arabica Washed
자몽, 녹차, 캐러멜

코스타리카 타라주 티라 허니 SHB

Costa Rica Tarrazu Tirra Honey SHB

6월

TODAY COFFEE

Costa Rica Tarrazu Tirra
Honey SHB

ROASTING: City

NOTE: Caramel, Kiwi

ALTITUDE: 1600~1800M

VARIETIES: Caturra, Catuai

살구와 자두가 익어가는 느낌 그대로

전 세계 생물종의 5%가 서식할 정도로 생물자원이 풍부한 코스타리카는 타라만카Talamanca 산맥의 일부 지형으로 언덕이 많은 것이 특징인데 적도 바로 아래 위치해 안정적인 일조량을 가지고 있습니다. 코스타리카는 7개 주요지역에서 커피나무 재배가 이뤄지는데 지역마다 기후와 환경이 달라 커피가 가지는 풍미도 다양합니다. 대표적인 커피 산지로는 산 호세San Jose, 남쪽의 타라주Tarrazu와 린다 비스타Linda Vista, 태평양 연안의 트레리오스Tres Rios, 브룬카Brunca, 투리알바Turrialba 등이 있습니다.

타라주는 지역 이름이자 원두의 상품명입니다. 타라주의 우기는 7개월(5월부터 11월까지) 동안 지속되며, 이 기간 동안 커피나무가 자랍니다. 건기는 12월부터 4월까지 이어지는데 수확 시기가 11월부터 3월까지 5개월로 건기와 잘 맞습니다. 이렇게 우기와 건기가 뚜렷한 기후 패턴은 커피 재배에 이상적이라고 할 수 있으며 숙성이 균일한 고품질의 커피체리가 만들어지는 데 도움을 줍니다.

✤

버번의 자연적 돌연변이. 버번보다 수확량이 많고 전통적인 품종보다 해충 및 질병 저항성이 우수함. 일반적으로 밝은 산도를 가지고 있고 오렌지, 사과, 베리류와 같은 과일 향을 느낄 수 있으며 카투아이처럼 꿀이나 흑설탕을 연상시키는 자연스러운 단맛을 보유하고 있다.

타라주는 아라비카 커피 원두를 재배하기에 이상적인 위치입니다. 주로 퇴적 토양으로 구성되어 뚜렷한 산성 품질을 가진 커피를 생산하는 것으로 알려져 있습니다. 해발 1,200m에서 1,900m에 이르는 대부분의 농장은 외래종과 토착종 나무가 섞여 그늘을 드리워줍니다.

이 지역에서 재배되는 주요 품종은 카투라Caturra와 카투아이Catuai입니다. 카투라*는 아라비카 커피 버번 품종의 돌연변이인데 다른 커피나무보다 더 빨리 성숙하고 질병에 강하다는 특징이 있습니다. 카투아이**는 카투라와 문도 노보Mundo Novo***를 인공 교배해 생산성이 높은 품종으로 개량한 종입니다. 강한 바람과 비를 견딜 수 있는 튼튼한 식물의 면모를 보여줍니다. 두 품종 모두 향미가 풍부하고 최고 품질의 커피 원두라고 할 수 있습니다.

코스타리카에서 커피의 등급은 원두의 단단함, 즉 경도에 따라 구분되는데 주로 원두가 자라는 고도에 따라 결정됩니다. 최고 등급의 커피는 Strictly Hard Bean 또는 SHB라는 라벨이 붙어 있으며 대략 1,200m(3,900ft) 이상에서 자란 것들입니다.

**

날씨에 강하며 노란색과 빨간색 품종으로 나뉜다. 꿀이나 흑설탕을 연상시키는 자연스러운 단맛. 베리, 사과, 감귤류와 같은 과일 향을 포함한 신선하고 복잡하며 풍부한 풍미를 제공한다. 중간 정도의 산도, 단맛과 균형이 잘 이루어지는 품종.

***

1940년대 브라질에서 발견된 티피카-버번의 하이브리드 품종. 질병 저항성이 뛰어나 수율이 높음. 초콜릿, 아몬드, 헤이즐넛 향이 나는 달콤하고 풀바디한 맛과 낮은 산도를 보인다.

코스타리카의 산호세 5구역 중 한 곳이 타라주 지역이고 그곳에서도 스페셜티 커피를 생산하려고 모인 노동조합의 직접투자로 개발된 것이 티라 농장입니다. 이곳의 지역적 떼루아는 철, 마그네슘 등 미네랄이 풍부한 토양을 지니고 있으며 커피체리를 허니 프로세싱과 내추럴만으로 가공하기로 선택했다고 합니다. 티라 농장에서 나온 허니 프로세싱 가공법으로 생산한 생두는 화이트, 옐로우, 레드, 블랙 크게 4가지로 분류되지만 핑크, 골든 허니 등 요즘은 좀 더 세분화하여 가공하기도 합니다. 기계적으로 생두에 붙은 과육을 털어내면서 그 등급을 다르게 적용하는데 화이트는 워시드에 가까울 정도로 많은 과육을 털어낸 것이고, 블랙은 내추럴과 가깝게 거의 과육을 털어내지 않고 가공한 방법입니다. 타라주 티라 허니 프로세싱은 옐로우와 골드 쪽의 가공으로 생두 빛깔이 노란 것이 특징입니다.

일반적인 코스타리카 타라주 SHG 워시드는 수확한 체리를 물의 압력을 이용하여 체리와 생두를 분리하고 세척하여 말리는 방식으로 하얀 느낌의 색을 가진 것이 특징입니다. 워시드는 조금 더 깔끔하고 단일한 느낌의 향미를 지닌 반면, 허니 프로세싱은 복합적이고 여운이 긴 특징을 가지고 있습니다.

로스팅을 하기 전 이미 살구과 자두의 향을 진하게 느낄 수 있습니다. 그래서 핸드픽을 할 때 과숙성되었거나 곰팡이가 핀 결점두를 걸러내는 것이 중요합니다. 이렇게 사전 핸드픽을 통해 따라주 티라 허니 프로세싱을 로스팅할 때는 자두, 살구의 향미과 허니 프로세싱의 특징인 꿀 같은 끈적한 단맛을 위주로 포인트를 잡고 로스팅해야 합니다.

코스타리카 지역의 원두들은 기본적인 마카다미아Macadamia, 땅콩 등 견과류의 고소함이 같이 있어 싱글 에스프레소로 내려도 자두의 산미와 꿀의 단맛, 견과류의 고소함이 좋은 밸런스를 유지해 긴 여운을 느낄 수 있습니다. 출근하기 전 씻고 머리를 말리기 전 분쇄한 커피를 클레버에 담아 물을 부어 놓고 머리를 다 말린 상태에서 서버 위에 올려 추출하면 깔끔하고 향기로운 커피를 마시면서 출근할 수 있습니다. 싱글 에스프레소 또는 클레버를 이용한 커피를 즐기시는 분들에게 적당한 원두라고 할 수 있습니다.

비교하며 마셔보면 좋을 원두들

코스타리카 밀레니오 허니
Costa Rica Millenio Honey
자두, 멜론, 무화과

코스타리카 피델 내추럴
Costa Rica Fidel Natural
블랙 베리, 브라운 슈거

코스타리카 라스 라하스 블랙 허니
Costa Rica Las Lajas Black Honey
패션 프루츠, 꿀, 다크 초콜릿

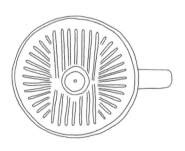

바쁜 출근시간에 안성맞춤
미스터 클레버

클레버는 너무나 간편한 도구입니다. 제가 처음으로 클레버를 사용하게 된 건 에스프레소 머신 회사에 근무하던 때였는데 업무가 밀려 빠르게 커피를 만들어야 했습니다. 하리오로 추출할 수도 있지만 집중도가 있어야 해 다른 도구를 알아보던 중 클레버가 눈에 들어왔고 간단한 추출방식이 너무나 맘에 들었습니다.

클레버는 멜리타 또는 칼리타 모형에서 조금 더 발전된 형태로 평평한 부분의 작은 구멍을 크게 만들고 실리콘으로 구멍을 막을 수 있도록 해 침출식과 여과식의 방식을 합친 도구입니다. 클레버에 사다리꼴 종이필터를 넣고 원두를 넣은 후 물을 부어 2분에서 2분 30초 동안 침출방식으로 우려낸 후 클레버를 서버나 컵에 올려놓으면 여과방식으로 추출된 커피가 밑으로 내려옵니다. 업무를 시작하기 전 클레버에 원두와 물을 부어 놓고 타이머를 맞추고 타이머가 울릴 때 바로 컵 위에 올려두면 추출이 끝나는 편리한 도구였습니다.

편리함에 더해 균일성이 좋다는 것도 클레버의 장점입니다. 누구나 거의 비슷한 커피를 추출할 수 있습니다. 이러한 이유로 지금도 저의 매장에서는 브루잉은 클레버로 추출해 제공하고 있습니다.

요즘에는 클레버와 비슷한 방식의 응용버전인 커피 도구들과 차를 우리는 도구들이 많이 제작되고 있습니다. 하리오 스위치라는 도구는 침출식과 여과식에서도 푸어오버 방식의 추출을 진행할 수 있어 스페셜티 매장에서 많이 사용하고 있는 추세입니다. 그럼에도 저는 여러 장점 때문에 초보자분들에게 클레버를 가장 적극적으로 추천하고 있습니다.

기본 레시피

클레버 4인용을 기준으로 원두 20g과 물 400ml(88~95℃)를 준비합니다.

클레버에 사다리꼴 모양 필터를 넣고 원두를 담아 평평하게 만들어 줍니다.

뜸 들이기 없이 바로 물 400ml를 천천히 부어줍니다.

1분 30초 정도가 되었을 때 한 번 스푼으로 저어 와류를 만들고 따듯하게 데운 컵 위에 클레버를 올려 커피가 다 내려올 때까지 기다려 줍니다.

사다리꼴 모양의 필터를 끼우고
원두를 담아 평평하게 만든다.

뜸 들이는 과정 없이 준비한 물을
천천히 부어준다.

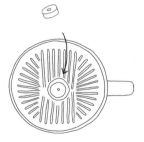

서버 위에 올리면 추출구를 통해 커
피가 내려온다.

콜롬비아 핀카 엘 파라이소 슈가케인
더블 애너로빅

Columbia Finca El Paraiso Sugar Cane Double Anaerobic

7월

TODAY COFFEE

Columbia El Paraiso Sugar
Cane Double Anaerobic

ROASTING: Medium Light

NOTE: Pineapple, Plum

ALTITUDE: 1900~2000M

VARIETIES: Castillo

풍부한 향미를 살린 디카페인

날씨가 따뜻해지면서 점심을 먹고 난 후 식곤증을 호소하고는 합니다. 낮잠을 자면 좋겠지만 일 때문에 그럴 수 없는 경우가 더 많기 때문에 찾게 되는 것이 바로 카페인입니다. 우리가 졸음을 느끼는 것은 아데노신adenosine이라는 뇌 활동에 따른 부산물 때문입니다. 아데노신은 중추신경계 전체에 분포하고 있는 물질로 깨어있는 동안에는 지속적으로 증가하는데 운동을 하거나 몸을 격하게 움직이면 더욱 급격하게 증가합니다. 발생한 아데노신은 아데노신 수용체에 하나씩 결합되는데 이런 결합체의 개수가 일정 수준 이상이 되면 잠을 자고 싶어 하게 됩니다. 만일 카페인 음료를 마시게 되면 혈류를 통해 뇌로 간 카페인이 아데노신과 경쟁하면서 아데노신 수용체와 결합합니다. 이렇게 되면 졸음을 억제하게 되는 것입니다. 우리가 커피를 통해 카페인을 공급하는 이유가 이 때문이라고 할 수 있습니다.

최근 들어 많은 고객들이 디카페인decaffeination 커피를 찾고 있습니다. 아무래도 카페인으로 인해 수면에 방해를 받지 않으려는 수요가 늘어난 까닭으로 보입니다. 그렇지만 디카페인 커피의 카페인 함량은 '0'이 아닙니다. 완전히 카페인이 없는 것이 아니라 어느 정도 제거된 커피를 말합니다. 일반커피에 카페인이 15mg 포함되었다면 디카페인 커피에는 1~5mg 정도가 포함되어 있습니다.

디카페인 커피는 '카페인을 분리시킨 커피'라는 뜻입니다. 그래서 디카페인 커피를 만들 때는 생두에서 카페인을 분리하는 과

정을 거치게 됩니다. 디카페인 커피가 일반 커피보다 더 비싼 이유
도 이 때문이라고 할 수 있습니다. 카페인을 분리하는 방법으로는
▲물을 이용한 방법(스위스 워터 프로세스Swiss Water Process) ▲용매
(메틸렌 클로라이드methylene chloride, 에틸 아세테이트ethyl acetate)를
이용한 방법 ▲이산화탄소를 이용하는 방법 등이 있습니다.

물을 이용한 방법은 커피콩을 물에 우려내 카페인을 추출한
다음, 우려낸 물에 있는 카페인을 활성탄소로 분리해 다시 물과 커
피콩을 함께 건조하는 기술입니다. 2천 년대 초반만 해도 물과 필
터를 이용하여 카페인을 제거한 디카페인 생두들이 대부분이었습
니다. 이러한 방식으로 만들어진 생두들은 어두운 색을 띠고 향미
가 떨어지는 경우가 많았습니다. 이후 슈거케인이라는 사탕수수
를 발효하여 만들어진 에틸 아세테이트 유기화합물을 물에 풀어
카페인을 제거하는 방식을 사용하게 됩니다. 슈거케인 방식에 무
산소 발효까지 진행한 생두의 경우에는 가격대가 높지만 필터커
피를 이용해서 마시기 정말 좋은 커피라고 할 수 있습니다.

고객들을 위해 디카페인을 추천할 때면 대부분 콜롬비아 디
카페인을 추천하는데 그 이유는 카페인을 제거할 때 다른 좋은 성
분들이 함께 빠져 나가는 것을 막기 위한 다양한 시도를 하고 있
고, 그 결과 디카페인이지만 더욱 복합적인 맛을 많이 느낄 수 있
기 때문입니다. 특히 무산소 발효까지 진행한 콜롬비아 디카페인
생두를 처음 받았을 때는 디카페인이라고 느낄 수 없는 독특한 색
과 향을 품고 있었고 로스팅을 하고 나서는 디카페인에서는 전혀
맡을 수 없는 파인애플, 자두 같은 향과 산미가 느껴졌습니다. 정

확한 생두의 가공방법이 궁금해 이곳저곳 검색을 통해 알아본 결과 무산소 발효를 통해 1차 가공 후 사탕수수의 에틸 아세테이트를 이용하여 카페인을 제거하는 방식을 채택하고 있었습니다. 산미와 다양한 향미를 즐기고 싶지만 카페인이 걱정되는 산모라면 적절한 대안이 될 수 있습니다.

무산소 발효는 공기를 차단한 상태로 발효를 진행하는 방식으로 미생물의 간섭을 최소화시켜 발효를 진행하는 것입니다. 산소가 없는 환경에서 활동하는 혐기성 미생물을 이용한 발효, 또는 기타 변수를 통제한 상태에서의 발효까지 폭넓게 지칭하는 용어입니다. 비교적 최근에 도입된 방식으로 이를 통해 보다 복잡하고 풍무한 향미를 끌어내고자 하는 시도라고 볼 수 있습니다.

디카페인에 무산소발효를 이용하는 과정을 조금 자세하게 설명을 하자면 약 90%의 숙성도를 가진 체리를 잘 수확하여 소독한 후 산소가 없는 밀폐 발효통에 넣어 약 48~72시간 동안 발효를 진행하고 펄핑 작업을 통해 과육이 붙은 상태의 점액질 생두를 다시 밀폐된 발효통에 넣어 발효를 진행합니다. 이때 사탕수수의 발효상태인 에틸 아세테이트 용매를 같이 넣어 한 번 더 발효시키고 두 번째 발효상태일 때 카페인도 함께 제거하는데, 카페인은 제거되지만 더블 애너로빅을 통해 당분이 분해되며 새롭고 더 다양한 향미를 만들어 내게 됩니다. 이후 건조 시켜 약 11%의 수분율을 만들고 숙성시켜 출고됩니다.

가공 과정이 많아지고 카페인까지 제거되어 가격이 꽤 비싸지만 한 번쯤은 디카페인도 이렇게 다양하고 복합적인 풍미를 느낄 수 있다는 것을 경험하기에는 전혀 아깝지 않은 선택이 될 것입니다. 열대야 등으로 잠을 설치기 일쑤라 카페인에 대한 고민이 여느 때보다 크다면, 디카페인 중에서도 다양한 플레이버를 즐기기 원하신다면 좋은 선택이 될 것 같습니다.

비교하며 마셔보면 좋을 원두들

콜롬비아 부에사코 디카프
Colombia Buesaco Decaf
초콜릿, 구운 아몬드, 말린 사과

브라질 산토스 문도 노보 마운틴 워터
Brazil Santos Mundo Novo Mountain Water
피칸, 캐러멀

에티오피아 시다모 G2 스위스 워터
Ethiopia Sidamo G2 Swiss Water
허브, 시트러스, 아몬드

브라질 아우로 무산소 내추럴 NY2

Brazil Ouro Natural Anaerobic

8월

TODAY COFFEE

Brazil Ouro Natural
Anaerobic

ROASTING: Medium Dark

NOTE: Blackberry, Chocolate

ALTITUDE: 1200M

VARIETIES: Yellow Catuai

전통에 새로움을 더한 젊은 커피

브라질은 세계 최대 커피 생산국이자 수출국이며 세계 2위 소비시장입니다. 미 농무부(USDA)자료에 따르면 2023년 기준 브라질은 6,630만 포대를 생산했습니다. 전 세계 생산량의 39%로 압도적인 1위인데 2위인 베트남이 2,910만 포대를 생산해 17%를 차지한 것과 비교해도 엄청난 수치입니다. 브라질이 가지는 커피 산업에서의 위상은 정말 엄청나다고 할 수 있습니다.

브라질은 다른 많은 국가와 마찬가지로 선별해서 핸드픽을 하는 경우도 있지만 대체적으로는 기계를 이용해 한 번에 많은 체리를 수확하고 햇빛을 이용하여 말리는 가공법을 통해 생두를 공급합니다. 그래서 브라질 생두 가격은 많이 저렴한 편이었습니다. 하지만 최근 들어 작황이 좋지 않아 일부 지역에서는 커피 대신 다른 작물로 변경해 경작한다고 하며, 그에 따라 커피 생산량은 줄고 생두 상태가 예전만 못하다는 평가가 뒤따르고 있습니다. 기후위기까지 겹치면서 브라질 커피값은 지속적으로 상승하고 있는 추세입니다.

브라질 커피도 질 좋은 화산토에 포함된 다양한 미네랄 속에서 성장합니다. 철분이 많아 붉은색 토양을 볼 수 있고 그 철분을 통해 만들어진 커피는 달달한 맛과 초콜릿과 캐러멜의 향미를 지니고 있습니다. 낮은 산미를 가지고 있는 것은 브라질 떼루아에 따른 특징입니다.

브라질 아우로 지역은 해발 1,000m 이상의 고지대에 위치해 있고 햇빛이 풍부하면서도 적절한 강수량을 가지고 있습니다. 이러한 자연조건 덕분에 커피나무가 건강하게 자라며 고품질의 커피도 생산할 수 있다고 합니다. 여기에 새로운 가공법으로 체리에서 그린빈을 만들고 있는데 그 방법이 자연 무산소 발효Natural Anaerobic입니다.

자연 무산소 발효 방식은 간단하게는 산소가 거의 없는 환경에서 커피체리를 발효시키는 것을 말합니다. 산소를 필요로 하는 효모반응과 다르게 체리의 당분만으로 발효하고, 효모 활동으로 나온 이산화탄소가 발효조 밖으로 나가는 것을 막아 이산화탄소 농도를 높이는 과정을 자연 무산소 발효라고 합니다. 이렇게 하면 미생물 활동이 촉진되어 커피의 맛과 향이 훨씬 더 복잡하고 풍부해집니다. 요즘 한국에도 소규모 농장들이 생겨나 제주도, 고흥, 화순 등 여러 곳에서 커피를 생산하고 있는데 국내에서도 생산된 커피의 품질을 높이고자 발효커피를 연구 중에 있다고 하니 대한민국에서 생산된 커피도 곧 만나 볼 수 있을 것 같습니다.

아우로 농장은 대대로 내려오는 커피 농가 출신의 부부가 운영하는 농장입니다. 젊은 시절 남편은 부동산 업자로 그의 아내는 은행원으로 일하기도 했지만, 장모님이 돌아가신 후 장인어른의 농장을 이어받아 30년 동안 커피를 재배하고 있다고 합니다. 부부는 고품질의 스페셜티를 재배하기 위해 끊임없이 노력한 결과 아우로 스페셜티 플러스와 같이 특별한 커피를 생산, 유통하고 있습니다.

NY2 등급은 뉴욕 거래소 기준으로 최고 등급의 커피를 의미합니다. 이 등급의 커피는 엄격한 품질 관리를 거쳐 일정한 맛과 향을 보장합니다. 특히 브라질은 기본적으로 초콜릿과 땅콩의 단맛을 지니고 있어 대중이 호불호 없이 좋아하는데 여기에 무산소 발효라는 공법을 통해 스페셜티를 좋아하는 분들이 좋아하는 과일 맛도 이끌어낸 원두입니다. 그래서 기본적인 초콜릿과 땅콩의 맛도 지니고 있지만 생두에서부터 느껴지는 풍부한 과일 향과 함께 체리, 코코넛, 매실의 노트를 가지고 있습니다. 로스팅 후에도 무산소 발효 덕분에 독특한 과일 맛, 체리와 코코넛의 단맛과 매실과 같은 산미가 더해져 있으며, 후미에 느껴지는 땅콩과 호두의 고소함이 좋은 커피입니다.

그래서 미디엄 또는 미디엄 다크 로스팅이 가장 잘 어울린다고 할 수 있습니다. 너무 강하게 로스팅하면 무산소 발효가 만들어낸 독특한 맛이 사라질 수 있습니다. 이 커피는 다양한 추출방식과 잘 어울리지만, 특히 칼리타로 추출했을 때 그 진가를 발휘한다고 생각합니다.

최근 들어 브라질에서도 스페셜티에 대한 관심도가 높아지면서 젊은 세대로부터 새로운 품종과 재배방식, 수확방식, 가공방식에서 차별점을 두어 더 높고 좋은 품질의 커피를 생산하려는 노력이 많아지고 있습니다. 다양한 브라질의 커피를 즐길 수 있는 여건이 마련되었다고 할 수 있습니다. 브라질 스페셜티, 그리고 무산소 발효 가공법을 진행한 커피라면 아우로 지역이 아니더라도 다양하게 즐겨보시기 바랍니다. 브라질 와그너Wagner 옐로우 버번, 까마로사Camarosa 레드 버번, 핀카 살리트레Finca Salitre 무산소, 보르헤스Borges 무산소 등은 그동안 브라질에서 느끼기 쉽지 않았던 다양한 향미와 맛을 경험할 수 있습니다. 지구 반대편의 뜨거운 열정을 느낄 기회를 가져보시기 바랍니다.

비교하며 마셔보면 좋을 원두들

브라질 몬테 카프멜로 내추럴
Brazil Monte Carmelo Natural
땅콩, 건포도

멕시코 핀카 돈 라파 애너로빅 내추럴
Mexico Finca Don Rafa Anaerobic Natural
시트러스, 파인애플

엘살바도르 산타 아나 버번 내추럴
El Salvador Santa Ana Bourbon Natural
딸기, 적포도, 밀크 초콜릿

잠깐!
추출도구
다루기

여과와 침지를 한번에
하리오 스위치

하리오 스위치는 매우 독특하고 매력적인 드리퍼입니다. 하나의 도구로 두 가지 추출방식을 모두 활용할 수 있는 변신 로봇과 같은 특징을 지니고 있습니다. 기본적으로 하리오의 여과방식 기능에 클레버처럼 침지방식도 가능하게 만들어진 도구입니다.

일반적인 하리오 드리퍼는 필터를 놓고 그 위에 커피 가루를 넣은 후 뜨거운 물을 부어 커피를 내리는 여과식 추출방식을 사용합니다. 마치 깔때기에 커피를 거르는 것과 같은 방식입니다. 그래서 하리오는 일반적인 브루잉도 가능하고 푸어오버 방식의 브루잉도 가능한 레시피들이 존재하고 그것이 유행하면서 하리오 V60의 유행이 동반되었습니다. 반면 하리오 스위치는 드리퍼 하단에 있는 추출구를 막았다가 열 수 있는 '스위치'가 장착되어 있어 침지식과 여과식 두 가지 방식으로 커피를 추출할 수 있습니다. 댐의 수문을 조절하는 것처럼 물의 흐름을 자유자재로 제어할 수 있는 것이 특징입니다.

침지식은 커피 가루를 물에 완전히 담가 커피성분을 추출하는 방식입니다. 차를 우려내는 것과 유사하다고 생각하시면 됩니다. 이 방식은 커피의 풍부한 향미를 비교적 균일하게 추출하는 데 효과적입니다. 반면 여과식은 뜨거운 물을 커피 가루에 부어 중력을 이용해 커피를 추출하는 방식입니다. 마치 샤워기에서 물이 내려오는 것처럼 물이 커피 가루를 통과하면서 커피성분을 추출합니다. 이 방식은 깔끔하고 산뜻한 맛의 커피를 추출하는 데 적합합니다. 이 원리는 하리오 스위치 하단에 있는 스테인리스 구슬과 스위치 버튼에서 구현됩니다. 스위치를 위로 올리면 추출구가 막히고 아래로 내리면 추출구가 열리는, 간단하지만 굉장히 과학적인 구조입니다. 스위치를 위로 올려 추출구를 막은 상태에서 뜨거운 물을 부으면 침지식 추출이 진행되고 원하는 시간이 지난 후 스위치를 내려 추출구를 열면 여과식 추출로 전환됩니다. 밸브를 잠갔다 여는 것과 같은 간단한 조작으로 추출방식을 변경할 수 있습니다. 하나의 드리퍼로 침지식과 여과식 두 가지 추출방식을 모두 경험할 수 있다는 점이 가장 큰 장점입니다.

추출방식을 자유롭게 조절할 수 있으므로 다양한 레시피를 시도해 볼 수 있습니다. 또한 스위치를 사용하여 추출 시점을 조절할 수 있기 때문에 비교적 쉽게 균일한 커피 맛을 낼 수 있습니다. 한 가지 도구로 균일하고 맛있는 커피를 비교적 쉽게 추출하고 싶으신 분께 적극 추천합니다. 균일한 커피를 추출하면서도 여러 가지 레시피를 만들 수 있다는 장점은 지루해질 수 있는 커피 생활에서 활력과 재미를 줄 수 있습니다. 하리오 스위치 추천 레시피를 두 가지 소개할까 합니다. 이 두 가지 레시피 외에도 물의 온도, 분쇄 굵기, 추출시간 등을 조절하면서 자신만의 레시피를 개발해 보시길 바랍니다.

리브 부분과 스위치 부분을 분리할
수 있다.

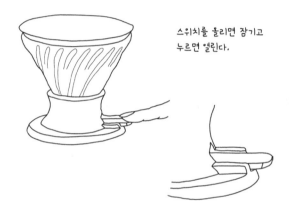

스위치를 올리면 잠기고
누르면 열린다.

1. 깔끔하고 산뜻한 드립 스타일(여과식 강조)

원두: 중배전 또는 약배전 원두 15g

분쇄도: 핸드 드립용 중간 굵기

물 온도: 92~95℃

필터를 드리퍼에 장착하고 뜨거운 물로 린싱합니다.(스위치 OFF)

커피 가루를 넣고 평평하게 고릅니다.

뜨거운 물 30g을 부어 30초간 기다립니다.

나머지 물을 천천히 부어줍니다(총 225g).

추출이 완료될 때까지 기다립니다.

드리퍼에 종이 필터를
끼운 뒤 스위치를 내리
고 린싱한다.

원두를 채우고 서버
위에 올린다.

하리오 V60 추출법처럼 푸어오버 방식으로 추출 한다.

2. 풍부하고 진한 스타일(침지식 강조)

원두: 중강배전 또는 강배전 원두 18g

분쇄도: 핸드드립용보다 약간 굵게

물 온도: 90~93℃

필터를 드리퍼에 장착하고 뜨거운 물로 린싱합니다.(스위치 OFF)

커피 가루를 넣고 평평하게 고릅니다. 스위치를 ON으로 올려 추출구를 막습니다. 뜨거운 물 200g을 한 번에 부어줍니다.

1분 30초 동안 기다립니다. 스위치를 OFF로 내려 추출을 시작합니다.

원두를 채운 뒤 스위치를
올린다.

서버 위에 올린 상태에서
준비한 물 용량을 한 번에
부어준다.

우러나길 기다린 후 스위치를
내려 off 상태로 하면 커피가
내려온다.

과테말라 엘 사포테 게이샤 워시드

Guatemala El Zapote Geisha Washed(COE 2023 #19)

9월

TODAY COFFEE

Guatemala El Zapote Geisha
Washed

ROASTING: Medium Light

NOTE: Orange, Cranberry

ALTITUDE: 1800M

VARIETIES: Geisha

담백하고 깔끔한 마무리를 원한다면

제가 처음으로 커피를 배울 당시에는 스페셜티 커피라는 용어가 널리 쓰이지 않았지만 COE를 취급하는 카페들이 생각 외로 많았고, 지금처럼 다양한 가공방법을 거치지 않은 커피에서도 여러 향과 커피의 본질을 느낄 수 있는 커피가 주를 이루었습니다. 요즘에는 너무 다양한 가공방법이 사용되면서 커피에서 느껴보지 못한 새로운 향과 맛들로 입안을 기쁘게 해주기도 하지만 그만큼 커피 자체의 단맛과 고소함을 간직한 커피를 다시 맛보고 싶다는 생각을 할 때가 많습니다.

많은 중남미, 아프리카, 아시아 커피 생산 국가에서 개최하는 '컵 오브 엑설런스Cup Of Excellence'라는 대회는 세계적인 커피 경쟁 대회이자 경매 프로그램입니다. 각 국가마다 커피 수확이 끝난 후 열리는 '맛있는 커피 선정대회'라고 할 수 있습니다. 전문 커퍼 cupper들을 초대하여 각 커피별로 점수를 주어 등수를 매기는데 이렇게 평가된 커피들은 대회가 끝난 후 경매를 통하여 가격이 정해지게 됩니다. COE를 간단하게 설명하면 커피를 평가하는 커퍼들이 그 해의 가장 맛있는 커피를 랭킹별로 선정하는 것이라고 말할 수 있겠습니다.

COE는 1999년 브라질에서 첫 대회가 열린 이래 중남미는 물론 아프리카와 아시아까지 꾸준히 확산되고 있습니다. 2023년 현재 15개 국가가 COE를 열고 있는데 남아메리카에서는 브라질, 콜롬비아, 에콰도르, 페루, 볼리비아가 참가하고 있고 중앙아메리카에서는 과테말라, 니카라과, 엘살바도르, 온두라스, 코스타리카가, 북아메리카에서는 멕시코가 참여하고 있습니다. 아프리카에서는 르완다, 부룬디, 에티오피아가, 아시아에서는 인도네시아가 2021년부터 개최하고 있습니다. 아로마, 디펙트(결점두), 클린업, 단맛, 신맛, 마우스피스, 플레이버, 후미, 균형감 등 여러 채점항목이 있는데 총점이 85점이 넘으면 그 해의 '컵 오브 엑설런스'에 오를 수 있습니다. '#' 뒤에 오는 숫자는 순위를 뜻하는데 '과테말라 COE 2023 #19'의 경우는 과테말라 COE 대회에서 19등한 커피를 뜻합니다.

과테말라 엘 사포테 게이샤 워시드는 특별한 가공법 없이 워시드의 기초적인 가공만으로 COE 19위를 차지한 커피로 생두 자체가 지니고 있는 맛이 대단하다고 생각됩니다. 물론 게이샤라는 품종 자체에서 느껴지는 꽃향과 단단함이 있지만 워시드 가공법과 과테말라라는 떼루아적 특성인 오렌지, 크렌베리, 아몬드 파이의 커핑 노트가 있습니다. 이 커피를 로스팅할 때엔 밸런스를 맞추기 위해 조금 더 신경을 쓰고 게이샤 특유의 꽃향이 무너지지 않게 해야 합니다. 그렇다고 너무 산미가 튀어서는 안 되고 기분 좋은 단맛을 위해 로스팅을 진행해 아몬드의 고소함과 오렌지의 단맛의 밸런스를 잡아야 합니다. 게이샤 품종의 재스민향이 살짝 나오도록 마일드하게 추출하면 더욱 오랫동안 마실 수 있는 커피입니다.

게이샤는 커피가 자라는 곳이면 어디서나 재배할 수는 있지만 그 결과물은 다를 수 있습니다. 커피 품질에 영향을 미치는 요인들이 많은데 특히 게이샤는 떼루아를 포함한 여러 요인들에 취약하기 때문입니다. 게이샤 커피나무는 일반 커피나무보다 뿌리가 짧고 고도에 굉장히 민감합니다. 최적의 생육조건은 해발고도 1,650m~1,800m 정도인데 까다로운 재배 조건으로 희소가치가 높은 게이샤 원두는 특화된 몇몇 농장에서만 재배되고 있습니다. 일반 커피나무보다 열매를 맺는데도 더 많은 시간이 소요됩니다. 일반 커피나무의 재배 기간이 4~5년이라면, 게이샤 커피나무는 약 8년 정도의 시간이 필요합니다.

우에우에테낭고Huehuetenango의 쿠일코Cuilco에 있는 엘 사포테 농장은 COE에서 다수 입상한 과테말라 스페셜티 커피를 대표하는 농장 중 한 곳입니다. 아들은 물류, 품질 관리, 마케팅, 판매 및 새로운 품종 선택과 같은 전략적 결정과 관련된 모든 것을 담당하고 그의 아버지는 농장, 수확 부분 및 과정을 감독합니다.

커피를 오래 접하다 보면 다양하고 강렬한 향과 맛에 대한 호기심이 많아지게 마련입니다. 하지만 농작물 본연의 맛과 향에서 친숙함을 느낄 때가 더 많습니다. 수확의 계절은 들뜬 마음보다는 감사하는 마음으로 한 해의 결실을 새겨보는 시간이 아닐까 생각합니다. 복잡하고 다양한 향에 취하기보다 담백하고 체리 본연의 향을 은은하게 즐기는 시간을 가져보면 좋겠습니다.

2023년도에 선정된 커피들은 2023년 말에 들어와 2024년도 상반기에 많이 팔리기 시작했기 때문에 지금은 찾아보기 힘들 수 있습니다. 꼭 COE가 아니더라도 과테말라 게이샤가 있다면, 그것도 없다면 커핑노트에 오렌지, 베리, 허브티가 있는 것을 선택한다면 비슷한 느낌을 얻을 수 있지 않을까 생각합니다.

비교하며 마셔보면 좋을 원두들

콜롬비아 핀카 펠라네그라 게이샤
Colombia Finca Perla Negra Geisha
리치, 레몬, 장미

에티오피아 게이샤 내추럴
Ethiopia Geisha Natural
라즈베리, 청포도

코스타리카 산타 테레사 게이샤 화이트 허니
Costa Rica Santa Teresa Geisha White Honey
오렌지, 복숭아, 브라운 슈거

잠깐!
추출도구
다루기

브루잉에 압력 방식을 더하다
에어로프레스

에어로프레스는 2005년에 개발된 주사기 형태의 독특한 브루잉 방식을 보여주는 커피도구입니다. 실린더를 이용하여 사람의 힘으로 커피에 압력을 가해 추출하는 에어로프레스는 일반적인 브루잉에서 느낄 수 없는, 에스프레소에서만 느낄 수 있는 크레마 기름성분이 함께 추출되는 것이 특징인 기구입니다. 제가 국내에서 처음 열렸던 한국 에어로프레스 챔피언십에 참여했던 추억이 있어 더욱 친근한 도구이기기도 합니다. 당시에는 에어로프레스로 에스프레소의 맛을 느끼게 하는 것에 재미를 느끼던 시기라 추출 레시피를 너무 에스프레소에 초점을 맞춘 나머지 에어로프레스 도구의 진정한 의미를 생각하지 못해 예선전 탈락의 고배를 마신 기억이 남아있습니다.

에어로프레스만 사용하여 국가대표를 선발하고 세계챔피언을 뽑는 대회가 있을 만큼 에어로프레스는 정말 다양한 방법의 레시피가 존재합니다. 기본 추출과정은 침지식과 압력추출을 결합한 방식이며, 물과 커피가 실린더 안에서 일정시간 동안 혼합된 후 플런저를 눌러 압력에 의해 커피를 빠르게 추출하는 방식입니다. 이런 기본 방식에서 사용되는 두 가지의 레시피가 존재합니다.

하나는 '정방향 추출'로 커피를 체임버에 넣고 물을 부어 섞어준 다음 플런저를 천천히 눌러 추출하는 가장 전통적인 방식입니다. 이 방식은 짧은 시간 안에 깔끔한 커피를 만들어 낼 수 있습니다.

다른 하나는 역방향 추출로, 도구를 뒤집어 플런저를 미리 넣은 상태에서 플런저 방향에 커피와 물을 넣어 저어주고 필터를 끼운 후 다시 원래 방향으로 돌려 플런저를 눌러 추출하는 방식입니다. 이런 방식은 커피와 물이 더 오래 접촉하여 커피의 농도가 진해지고 향미가 더 풍부해지는 효과가 있습니다.

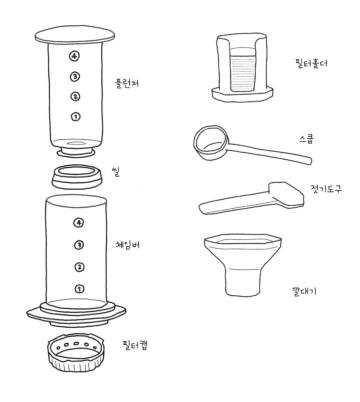

플런저

씰

체임버

필터캡

필터홀더

스쿱

젓기도구

깔대기

정방향 추출

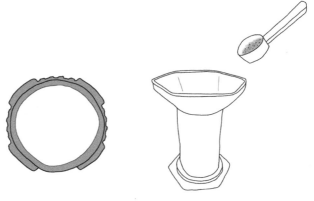

필터캡에 필터를 넣고 린싱한다.

필터캡을 끼운 체임버에 원두를
넣는다.

물을 채운다.

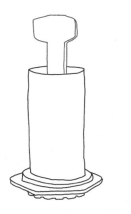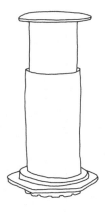

골고루 저어준 후 플런저를 끼운다.

천천히 플런저를 눌러 추출한다.

역방향 추출

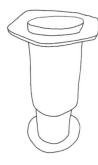

분쇄한 커피를 넣는다.

쳄버에 플런저를 끼우고
뒤집어 놓는다.

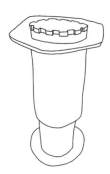

물을 부어 골고루 저어준 후 필
터캡을 장착한다.

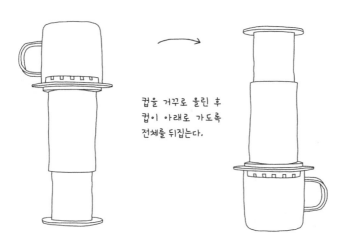

컵을 거꾸로 올린 후
컵이 아래로 가도록
전체를 뒤집는다.

천천히 플런저를 눌러
추출한다.

이 두 가지 방식에 조금씩 옵션을 첨가하여 실린더와 플런저 사이의 압력을 높이고자 스테인리스 필터와 종이 필터를 여러 겹 겹쳐 추출하는 방식, 스테인리스 필터의 가공을 기본 에스프레소 바스켓 사이즈와 동일하게 진행하여 더욱 압력을 높여 추출하는 방식 등 다양한 레시피 만들기가 가능합니다.

에어로프레스는 간편한 구조와 다양한 추출 가능성, 휴대성을 갖춘 매우 독창적인 도구로 커피 추출의 재미를 더해주는 훌륭한 선택지라고 할 수 있습니다. 휴대가 간편해 어느 곳에서도 즐길 수 있다는 장점 때문에 더욱 사랑받는 도구이기도 합니다. 커피를 처음 접하는 사람부터 숙련된 바리스타까지 모두가 자신의 스타일에 맞게 즐길 수 있는 범용성이 뛰어난 도구라고 할 수 있습니다.

콜롬비아 멜로우 리치 무산소 허니 수프리모

Colombia Mellow Rychee Anaerobic Honey Supremo

10월

TODAY COFFEE

Colombia Mellow Rychee
Anaerobic Honey Supremo

ROASTING: Medium Dark

NOTE: Pineapple, Avocado

ALTITUDE: 2000M

VARIETIES: Caturra

열대과일의 신선한 자극

콜롬비아는 다른 중남미 국가처럼 화산토양에 1,200~2,100m 고지대에서 커피를 재배하는데 기온이 18~24℃ 사이로 서늘해 커피가 자라기 좋은 지리적 위치를 가지고 있습니다. 1800년대 초반부터 커피가 재배되어 왔으며 티피카와 버번, 카투라, 마라고지페 등을 주요 품종으로 하고 있습니다.

커피는 열매가 자라는 위치에 따라 다양한 맛을 보여주지만 일반적으로 콜롬비아 커피 생두는 초콜릿, 견과류, 허브, 과일 및 시트러스 산미의 커핑 노트를 자랑합니다. 콜롬비아 화산토는 진흙과 모래가 함께 섞여 있고 칼슘과 마그네슘이 적절한 산도를 형성해 밸런스 좋은 산미를 만들어줍니다. 또한 인과 칼륨이 커피의 밀도를 높여 바디감을 만들고 달달한 단맛을 끌어올려 줍니다.

최근 콜롬비아에서는 무산소 발효를 많이 발전시키고 있습니다. 특히 COE 10에 선정된 첫 무산소 발효 커피가 콜롬비아에서 나왔는데 그 당시 딸기 요거트의 느낌을 맛본 사람이라면 멜로우 리치 무산소 허니에서도 그와 같은 충격을 받을 수 있습니다.

커피업계에서는 커피와 물 이외에 다른 행위로 커피의 맛을 만들어내면 안 된다는 불문율이 있어왔는데 그 이유가 궁금했습니다. 한식, 일식, 양식, 심지어 맥주나 와인 쪽에서도 다양한 시도를 많이 하는데 커피 쪽에서는 너무 고지식한 것 아닌가하는 생각도 있었습니다. COE나 SCA 대회 규정은 커피에 어떠한 이물질도 포함되지 않은 원두를 사용하도록 했지만, 커피체리 자체적으로 지닌 효모를 이용한 발효과정에서 나온 맛도 '커피만 사용한 범주' 로 인정해주기 시작하면서 새로운 시도가 많이 진행될 수 있겠구 나 하는 기대를 갖게 되었습니다. 그 중심에 있던 것이 바로 콜롬 비아였습니다. 콜롬비아에서 시도되고 있는 많은 발효 과정에 대한 정보는 영업비밀이라는 이유에서 알려지지 않았지만, 오히려 그것 때문에 다른 농장에서도 새로운 시도에 나서 다양한 맛의 커피를 맛볼 수 있으면 좋겠다는 생각입니다.

일반적인 무산소 발효 방식은 1차로 체리 상태에서 밀폐된 발효통에 산소를 제거한 후 약 16~72시간 동안 발효를 진행합니다. 이때 발효통에 발효를 촉진시키기 위한 촉진제 등을 넣는데 어떠한 촉진제를 사용했는지에 대한 내용은 알 수 없습니다. 이렇게 발효된 체리를 펄핑하여 점액질 상태의 커피를 세척하거나 살균 또는 건조 등 다양한 방법으로 2차 가공을 진행하고 그 이후에 수분율을 낮춰 약 9~12%로 만든 생두를 수출합니다. 진공포장되어 배송된 생두 자체에서부터 리치의 달콤하고 향긋한 향이 엄청나게 나오는데 커피를 마시면서 느껴보지 못한 열대과일의 맛을 정확하게 느낄 수 있는 생두라고 할 수 있습니다. 그래서 이 생두를 로스팅할 때는 리치 향을 더욱 진하게 맡고 즐길 수 있도록 초점을 맞춰 로스팅해야 했습니다.

핸드드립으로 즐긴다면 하리오 V60를 이용하되 1:15의 기본적인 추출법과는 다르게 조금 더 분쇄도를 곱게 하여 1:12의 비율로 커피를 추출하고 빠르게 냉각한 후 얼음을 첨가해 아이스로 마실 것을 권해드립니다. 낙엽이 지고 갖가지 과일과 곡식이 익어가

는 진한 가을 향을 느끼기에도 그만이라 생각됩니다

비교하며 마셔보면 좋을 원두들

콜롬비아 비야 솔 카투라 애너로빅 허니
Colombia Villa Sol Caturra Anaerobic Honey
포도, 메이플 시럽, 레드와인

콜롬비아 핀카 라스 플로레스 애너로빅 허니
Colombia Finca Las Flores Anaerobic Honey
베리, 레드 와인, 브라운 슈거

코스타리카 핀카 에스페란사 허니
Costa Rica Finca Esperanza Honey
패션 프루츠, 캐러멜, 사과

잠깐!

추출도구

다루기

소량 원두로도 고른 추출 유도

코니컬 30

코니컬 30 드리퍼는 커피 애호가들 사이에서 2024년 가장 인기를 얻은 추출 도구입니다. 기본적인 특징을 살펴보면 하리오의 V자형 원뿔 모양을 가지고 있지만 하리오보다 좁고 깊어 물의 흐름이 일정하게 커피 가루에 미치도록 하여 고른 추출을 유도합니다. 이로 인해 커피가 과도하게 포화되지 않고 밸런스가 잘 잡힌 커피를 만들어 낼 수 있습니다.

드리퍼의 구조는 물이 커피 가루를 지나가며 균일하게 퍼지도록 설계되어 있습니다. 이 과정에서 물이 커피를 추출할 때 각각의 커피 가루가 고르게 수분을 흡수하게 됩니다. 이 때문에 커피 맛이 더욱 깊어지고 맛의 조화가 이루어질 수 있습니다.

코니컬 30은 특이하게 원두 10g으로 레시피를 만들 수 있습니다. 물은 총 160ml를 사용합니다. 50ml의 물로 뜸 들이기를 40초 동안 진행하고 그 다음 30ml를 30초 동안, 그리고 나머지 30ml를 30초 동안 내려 총 1분 40초 내에 빠르고 밸런스 좋은 커피를 내릴 수 있습니다. 이처럼 소량의 원두로도 균형 잡힌 커피를 내릴 수 있다는 점이 코니컬 30의 가장 큰 장점 중 하나입니다. 초심자나 전문가들도 새롭고 다양한 커피들을 마셔 보고 싶을 때 적은 양의 원두로도 밸런스가 좋은 커피를 추출 할 수 있으니 이를 통해 새로운 커피의 세계를 경험하고 있습니다. 특히 향미가 잘 살아나고 다양한 노트를 경험할 수 있다는 점에서 높은 평가를 받고 있습니다.

코니컬 드리퍼는 바닥이 평평한 드리퍼와 비교했을 때 추출 시 다양한 입도 분포를 이용하여 커피의 압착을 효과적으로 조절할 수 있습니다. 플랫 드리퍼는 그 자체로 깔끔한 맛을 내지만 종종 심심한 감이 드는데 비해 코니컬 드리퍼는 보다 다채롭고 풍부한 맛을 제공합니다.

하리오 V60보다 좁고
깊은 구조를 가졌다.

필터를 반으로 접고 한쪽
면은 펼친 상태로 드리퍼
에 고정시킨다.

분쇄한 가루를 채우고 뜸 들이기 후
1분 30초 안에 추출을 끝낸다.

인도네시아 만델링 G1 TP

Indonesia Mandheling G1 TP

11월

TODAY COFFEE

Indonesia Mandheling G1

ROASTING: Full City

NOTE: Nut, Milk Chocolate

ALTITUDE: 1200~1500M

VARIETIES: Typica, Catimor

노동의 뜨거움과 함께 하는 휴식

커피를 판매하다 보면 아메리카노만 찾다 슬슬 핸드드립으로 넘어가는 분들이 추천받고 싶어 하는 원두들이 있습니다. 홈카페를 하면서 조금씩 취미로 발전해 가는 분들의 경우 초콜릿과 견과류, 갈색 설탕 느낌의 고소한 커피를 원하는 분들이 무척 많은데 그럴 때마다 추천하던 원두가 인도네시아 만델링 G1 TP였습니다. 브라질과 함께 블렌딩으로도 많이 사용하지만 핸드드립으로도 즐기기 좋은 커피이기 때문입니다. 에스프레소 블렌딩으로 만들면 고소하면서도 묵직한 바디감을 얻을 수 있어 이런 느낌을 원하는 카페에서는 브라질과 인도네시아를 6:4 정도로 블렌딩해 많이 나가기도 할 정도로 묵직한 바디감에 부드러운 목 넘김을 느낄 수 있는 원두입니다. 싱글빈으로 핸드드립을 하는 경우에도 쉽게 초콜릿과 갈색 설탕의 달콤함과 견과류의 고소함이 많이 묻어날 수 있게 추출할 수 있습니다.

인도네시아는 세계 최고의 커피 생산 및 수출국 중 하나입니다. 대부분의 커피 원두 생산(80-90%)은 로부스타에 국한되어 있지만 유명한 코피 루왁이나 만델링처럼 스페셜티 커피로도 유명합니다. 인도네시아의 경우 네덜란드에 의해 처음 커피가 소개되었습니다. 네덜란드인은 처음에는 그들의 본거지인 바타비아 Batavia 주변에 커피나무를 심었지만 17세기와 18세기에 서자바의 보고르Bogor와 수카부미Sukabumi 지역으로 커피 생산을 빠르게 확장했습니다. 인도네시아가 커피 생산에 이상적인 기후를 가지고 있음이 증명되자 곧 자바Java의 다른 지역과 수마트라Sumatra 섬과 술라웨시Sulawesi 섬에 대규모 플랜테이션이 세워졌습니다. 인도네시아의 커피 플랜테이션은 총 면적이 약 127만ha(2023년 말 기준)에 달한다고 합니다.

종종 만델링을 인도네시아의 한 지역으로 생각하는 분들이 많지만 전통적으로 타파눌리Tapanuli 지역에서 커피 원두를 경작하고 가공했던 만다일링Mandailing 부족에서 유래한 이름입니다. 인도네시아 만델링 G1 TP는 수마트라 지역 소규모 농장에서 나온 커피인데 수마트라의 떼루아를 보면 커피를 비롯한 다른 작물이 자라기 좋은 환경으로 미네랄이 풍부해 작물들이 전반적으로 달달함을 가지고 있다는 특징이 있습니다.

만델링은 웻 헐링Wet Hulling 또는 길링바사Giling Basah라고 부르는 가공방법으로 가공합니다. 일반적인 워시드나 내추럴 방식이 아니라 밀링Milling같은 것으로 열매상태의 체리에서 씨앗을 벗겨내고 물에 담가 발효 후 자연건조시키는 방식으로, 일반적인 워시드보다 약 한 달 정도의 빠른 가공이 장점이라고 합니다. 길링바사는 수분 함량이 약 50% 상태인 콩에서 파치먼트를 벗겨내는 전통적인 수마트라 공정의 이름입니다. 수마트라의 이 독특한 공정으로 시그니처 향미라고 할 수 있는 낮은 산도를 생성하게 됩니다.

인도네시아 수마트라 만델링 G1은 미디엄 다크인 2차 크랙 직전이나 2차 크랙 직후에 배출하여 침출식 드리퍼인 하리오 스위치를 이용하여 마시면 초콜릿 느낌의 묵직함과 단호박 같은 달달함이 잘 느껴지는 커피를 즐길 수 있습니다. 무거운 바디감에 달달함을 원한다면 인도네시아 수마트라 만델링 G1과 함께 해보는 것도 좋을 것 같습니다. 수마트라 만델링을 구할 수 없다면 인도네시아에서는 아체가요 G1도 좋은 대안이 될 수 있습니다.

비교하며 마셔보면 좋을 원두들

인도네시아 아체가요 G1
Indonesia Ache Gayo G1
베리, 땅콩, 초콜릿

에티오피아 구지 내추럴
Ethiopia Guji Natural
블루베리, 초콜릿, 꽃향

콜롬비아 우일라 내추럴
Colombia Huila Natural
레드 와인, 체리, 캐러멜

케냐 니에리 워시드 AA

Kenya Nyeri Washed AA

12월

TODAY COFFEE

Kenya Nyeri Washed AA

ROASTING: Medium Dark

NOTE: Mango, Blackberry

ALTITUDE: 1800~2200M

VARIETIES: SL28, SL34

깔끔한 산미로 마무리하는 한 해

우리에게 「아웃 오브 아프리카」라는 영화에서 소개된 커피 농장으로 이미 친숙한 케냐는 커피의 발상지라고 하는 에티오피아와 국경을 맞대고 있지만 비교적 커피 재배의 역사는 짧은 편입니다. 19세기 말 프랑스 선교사들에 의해 커피가 소개되었지만 1930년대가 되어서야 원주민들이 자신의 땅에서 커피를 재배할 수 있게 되었습니다. 소설과 영화에서 보듯 1934년 이전에는 대부분의 커피 농장이 영국인 소유였습니다.

케냐는 여러 커피 생산국들과 마찬가지로 화산성 토양을 가지고 있어 배수가 잘 되고 미네랄이 풍부한 생두를 생산합니다. 특히 인, 칼륨, 칼슘, 마그네슘, 붕소가 많이 함유되어 있어 커피체리에 당도와 구연산 함량을 높이고 뿌리와 체리의 숙성 속도에 좋은 영향을 끼칩니다. 이처럼 좋은 커피를 생산하기 적합한 떼루아 덕분에 와인의 풍미와 어두운 베리 계열의 향미, 그리고 밝은 산미를 기본적으로 갖추고 있습니다.

니에리Nyeri 지역은 케냐 중부 고지대에 위치하고 있으며 알루미늄과 철이 풍부한 토양에 독특한 기후를 가지고 있습니다. 특히 낮과 밤의 온도 차이가 커서 커피체리가 느리게 성장하는 특징을 가지고 있습니다. 이렇게 느리게 성장하는 체리 안의 생두 또한 과육에 오랫동안 머물게 되니 더욱 다양한 향미와 당분을 만들어내어 매력을 발산하는 것 같습니다.

케냐에서는 워시드 방식의 가공법을 사용합니다. 워시드 가공법을 통해 과육을 물로 다 제거한 상태이기 때문에 결점두를 골라내야 하는 핸드픽에서 가장 균일도가 높은 결과를 얻을 수 있습니다. 그래서 로스팅이나 커피를 교육할 경우 첫 수업에 가장 많이 사용됩니다. 워시드와 내추럴의 외관상 가장 큰 차이는 내추럴은 노란 빛깔을 띠며 센터컷이 지저분한 것처럼 느껴질 수 있는 반면, 워시드는 밝은 흰색을 띠며 센터컷이 깔끔하여 S자모양을 쉽게 볼 수 있습니다. 로스팅된 원두에서도 센터컷에서 S자의 깔끔함이나 밝고 어두운 정도를 통해 내추럴과 워시드를 구별할 수 있습니다. 내추럴 가공법에서 풍기는 특유의 향미 때문에 커피를 즐기지 못하는 분들은 워시드의 깔끔한 후미 때문에 워시드만 찾는 경우가 많습니다.

이렇듯 케냐 니에리 워시드 AA는 레몬, 자몽, 오렌지 등의 시트러스한 산미에 워시드만의 깔끔한 단맛으로 호불호가 크지 않은 원두입니다. 로스팅할 때는 밀도가 강한 만큼 초반 화력을 강하게 하며 후반부까지 열을 잃지 않게 하는 것을 포인트로 진행합니다. 미디엄에서 다크까지 다양하게 로스팅하여 즐길 수 있는 원두입니다. 미디엄으로 로스팅했을 경우 시트러스한 산미를 강하게 포인트로 줄 수 있으며, 이때는 하리오 V60 드리퍼를 통해 추출하는 것이 복합적인 향미를 즐길 수 있습니다. 또 미디엄 다크까지 로스팅한 원두의 경우에는 블랙베리의 단맛과 초콜릿의 단맛에 깔끔한 후미를 느낄 수 있습니다. 특히 과테말라, 코스타리카 등의 원두를 같이 블렌딩하여 에스프레소 또는 아메리카노로 내려 마실 경우 매우 좋은 산미와 단맛을 지닌 밸런스 좋은 커피를 느낄 수 있습니다.

　케냐는 지역이 많이 세분화되어 있고 그만큼 지역적 특징이 조금씩 있는 편이지만 그래도 커핑노트를 참고해 꼭 니에리 지역이 아니더라도 레몬, 라임과 같은 시트러스한 노트 계열에 밝은 느낌의 단맛이 나는 원두를 고르면 좋은 선택이 될 것 같습니다.

비교하며 마셔보면 좋을 원두들

케냐 타투 AB
Kenya Tatu AB
루이보스, 체리, 자몽

케냐 가쿠이 풀리 워시드
Kenya Gakui Fully Washed
오렌지, 자몽, 브라운 슈거, 홍차

케냐 카리미쿠이 AA
Kenya Karimikui AA
히비스커스, 꿀

잠깐!
추출도구
다루기

디자인과 간편함 모두를 잡다
칼리타 웨이브

칼리타 웨이브는 2천 년대 초반에 등장한 커피 추출도구입니다. 하리오 V60가 주를 이루던 시기에 등장해 커피 추출의 새로운 패러다임을 제시하며 많은 커피 애호가들에게 큰 인기를 끌었고, 부드러운 디자인과 간편한 사용법 덕분에 초보자부터 전문가까지 폭넓은 사용자층을 확보하고 있습니다.

칼리타 웨이브의 가장 큰 장점 중 하나는 디자인 자체라고 할 수 있습니다. 평평한 바닥과 물이 고르게 분포될 수 있는 구조로 설계되어 있어 커피가 균일하게 추출될 수 있도록 돕습니다. 또한 20개의 세로 주름이 형성된 전용 필터는 미분을 효과적으로 걸러내고 부드러운 맛을 유지하는 데 큰 역할을 합니다.

다양한 재질로 제공된다는 점도 특징입니다. 스테인리스 스틸, 세라믹, 그리고 플라스틱 등 여러 옵션이 있어 자신의 취향에 맞게 선택할 수 있는 점도 매력적인 부분입니다. 각 재질마다 고유의 특징이 있는데, 예를 들어 스테인리스 스틸 드리퍼는 내구성이 뛰어나고 세라믹 드리퍼는 보온성이 좋습니다.

물론 모든 제품이 그렇듯 칼리타 웨이브에도 단점이 존재합니다. 우선 드리퍼의 구조적 특성으로 인해 물을 붓는 기술이 어느 정도 요구될 수 있습니다. 초보자가 사용하기에는 약간의 연습이 필요합니다. 또 전용 필터는 다른 드리퍼와 호환되지 않는 경우가 많아 필터를 따로 구매해야 하는 번거로움이 있고 이로 인해 장기적으로는 추가적인 비용이 발생할 수도 있습니다.

세계 바리스타대회에서는 다양한 칼리타 웨이브 레시피가 소개된 바 있습니다. 그중 하나를 소개하자면 원두 20~22g, 물 300ml(88~95℃)+100ml가 필요합니다. 커피를 추출하기 전 칼리타 웨이브에 전용필터를 넣고 뜨거운 물 100ml 부어서 린싱을 진행합니다. 린싱은 필터와 드리퍼를 밀착시키는 효과와 함께 드리퍼를 데우는 효과를 만들어 냅니다. 린싱이 끝나면 필터에 준비한 원두를 넣고 원두의 2배 용량인 40~44ml의 물을 부어 뜸 들이기를 진행합니다. 약 30초 가량 커피를 전체적으로 적셔 주어 뜸 들인 커피가루가 부풀어 올라 머금고 있던 가스를 분출시키면 추출준비가 완료된 것입니다. 남은 물 전부를 약 3번에 걸쳐서 60, 100, 100ml씩 나누어 붓고 총 250ml의 커피를 받아냅니다. 약 3분 정도 안에 커피를 모두 추출하는 것이 가장 좋습니다. 이렇게 추출된 커피를 가볍에 서버 안에서 섞어 주어 균일한 맛이 되도록 하고 섞으면서 공기와 마찰시켜 조금 더 좋은 향미를 이끌어 내줍니다.

칼리타 드리퍼가 조금 더 낮고 넓게 펼쳐있는 모양이기 때문에 드립포트의 입구가 길지 않으면 물을 붓는 작업이 조금 힘들 수 있습니다. 그래서 드립포트의 주둥이가 길고 얇은 것을 추천합니다. 그리고 물을 부어줄 때는 중심에서 시작해 외부로 물을 퍼트리는 것이 균일한 추출을 도와줍니다. 당연하겠지만 드리퍼가 안정적인 지지대 위에 놓여 있도록 설정하면 보다 정확한 추출이 가능합니다.

굴곡이 있는 모양의 전용
필터를 끼우고 린싱한다.

원두를 채우고 서버 위에
올린다.

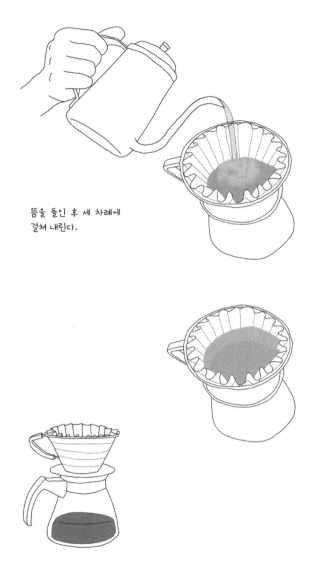

뜸을 들인 후 세 차례에
걸쳐 내린다.

축복 가득한 날에 즐기는 소박한 블렌딩
Blending Coffee

크리스마스

조합으로 느끼는 세상에 없는 맛

블렌딩 원두를 만들 때는 목표를 정하고 만들게 됩니다. 어떤 사람이 이 원두를 구매해 즐길 것인가를 고민하고 그분이 어떤 맛을 좋아할 것인가 생각합니다. 구매층과 맛이 정해지면 어느 정도의 값을 지불하고 구매할 수 있는가에 맞춰 블렌딩하게 됩니다.

제 첫 블렌딩은 마시기에 무난하고 호불호가 작아 편안하면서도 가격이 그리 비싸지 않은 원두라는 목표가 있었습니다. 로부스타가 섞이지 않은 아라비카 생두로 초콜릿 맛을 담고 있지만 너무 바디감이 강하지 않을 것, 그러면서도 고소한 땅콩의 뒷맛이라는 목적지가 있었습니다. 브라질 모지아나Mogiana와 에티오피아 이르가체페 원두를 적절히 섞어 풀시티 정도 로스팅한 것이었는데 18g 원두로 36g 에스프레소를 추출해 아메리카노로 마시기에 적당한 블렌딩이었습니다.

에티오피아 모모라Mormora와 에티오피아 코체레Kochere, 또는 시다마를 이용한 '에티오피아 블렌딩'은 제가 판매하지는 않지만 스페셜티 커피를 취급하고 로스팅하는 많은 카페에서 사용하는 블렌딩 중 하나입니다. 특히 에티오피아 모모라 농장은 구지 지역에서 200ha의 커피를 생산하는 농장인데 금광으로 유명한 곳에서 금광을 포기하고 커피농장을 하는 독특한 농장주에 대한 기억이 있습니다. 2012년도부터 각종 상을 휩쓸며 에티오피아의 구지 지역은 이르가체페보다 단맛의 밸런스가 좋아 높은 평가를 받고 있는 곳입니다.

모모라 농장의 품질 좋은 생두와 코체레의 단맛을 더한 에티오피아 블렌딩은 복숭아, 자몽과 같은 과일과 로즈마리의 꽃 향이 좋은 밸런스를 느낄 수 있는데 에스프레소뿐만 아니라 브루잉 또는 콜드브루로 내렸을 때도 기분 좋은 산미를 얻을 수 있습니다. 에티오피아 원두로만 되어있는 블렌딩을 취급하거나 로스팅하는 곳에서 에스프레소로 즐겨보는 것도 좋은 경험이 될 것 같습니다.

이들 원두를 집에서 즐기신다면 콜드브루로 추천드리고 싶습니다. 콜드브루는 두 가지 추출방법이 있는데 집에서 편하게 마시는 방법으로는 유리병에 커피와 찬물을 넣고 우려내는 침출식 방법, 또는 손이 조금 가기는 하지만 조금 더 진하고 깊은 맛을 내는 점지식(여과식 또는 투과식)인 방법을 사용합니다. 저는 특히 집에서 커피를 즐긴다면 여과식 방식을 추천하고 싶은데 이 방식은 물줄기를 조절해야 하는 단점이 있지만 농도가 진해 물에 희석하거나 우유에 희석해서 마셔도 진한 커피를 맛볼 수 있고, 한 번 추출로 많은 양의 커피를 만들어 마실 수 있어 여러모로 이점이 있기 때문입니다. 마치 산타가 주는 선물 같다고 할까요?

Part III
내일의 커피

더 나은 커피생활을 위한 안내

저울과 타이머는 꼭 필요할까?

커피에 관심이 있는 사람이라면 커피를 집에서 조금 더 재미 있게 즐기기 위해 여러 가지 도구를 구매하게 됩니다. 핸드밀과 자동 그라인더, 여러 종류의 드리퍼, 드립포트, 드립서버 등을 하나하나 갖추다보면 왠지 커피 실력도 조금씩 늘어나는 것처럼 느끼기도 합니다. 저는 그보다 제일 먼저 필요한 것이 저울과 타이머라고 생각합니다. 특히 요즘에는 저렴하면서도 저울과 타이머 기능을 동시에 이용하는 것이 가능한 제품들도 있기 때문에 더욱 소유해 커피를 즐기시는 걸 추천합니다.

저울은 정확한 원두 계량을 가능하게 하고 추출 시 레시피에 따른 추출량에 맞춰 커피를 내릴 수 있도록 도와줍니다. 물론

1~2㎖의 물 차이로 엄청나게 큰 맛의 차이를 만들어낼 수 있다는 측면이라기보다는 조금 더 일률적인 커피를 추출 할 수 있도록 해준다는 관점에서 접근해야 합니다. 원두량에 맞는 추출 비율들이 존재하고 다양한 추출방법을 사용하여 본인만의 추출방법을 만들 수 있기 때문입니다. 0.1g 단위로 원두량을 조절하여 커피 사용량을 조절해 볼 수 있습니다.

브루잉과 관련해 SCA에서 추천하는 원두와 물의 비율은 대략 1:16 정도입니다. 1차, 2차, 3차 추출로 나눠서 사용할 때의 비율이며 푸어오버 방법을 사용할 때는 1:17 정도를 보통 추천하고 있습니다. 이 경우 약 20g의 원두를 이용한다고 치면 약 340g의 커피를 추출하게 됩니다. 이런 기본 비율을 이용해 정밀하게 원두량을 조절하며 10~20g의 원두를 세분화하고 커피의 농도를 조절하며 일정한 시간으로 추출하는 식으로 추출 변수를 줄여갑니다. 자신만의 원두량, 선택된 원두량에 맞는 물의 양, 서로 다른 물줄기의 속도, 추출 시간의 변경 등 하나하나 변수를 바꾸어가며 원하는 커피의 레시피를 직접 만드는 재미를 가능하게 해주는 것이 바로 저울과 타이머라고 할 수 있습니다.

이렇게 자신만의 레시피를 만들고 그 레시피를 그때그때 적용할 수 있다면 전문가라 불러도 어색하지 않을 겁니다. 꼭 고가의 저울이나 타이머일 필요는 없습니다. 이용가능한 것들을 늘 사용해 기록하는 습관만 들인다면 어떤 종류이든 상관없습니다. 그러니 이젠 저울이나 타이머는 카페에서 전문 바리스타나 이용하는 것이라는 생각을 버리셔도 되겠죠?

원두 보관: 지퍼백, 밀폐 용기, 냉장고?

집 앞 편의점처럼 가까운 곳에 저렴하면서도 향미가 훌륭한 로스터리가 있다면 얼마나 좋을까요. 원두 한 봉지씩 필요할 때마다 수시로 구매할 수 있다면 늘 신선한 상태의 원두를 이용해 향이 좋은 커피를 마실 수 있을 테니까요. 하지만 그런 경우는 희박할 것이고 자연히 일정한 양의 원두를 미리 구입해두고 이용할 수밖에 없는 것이 현실입니다.

문제는 원두를 오래 보관하면 할수록 향미가 떨어지는 것을 감수해야 한다는 점입니다. 제가 요즘 가장 추천하는 방식은 본인이 사용하는 한 잔 분량의 원두를 진공포장 또는 밀폐용기에 담아 냉동실에서 보관하는 것입니다. 너무 대용량이거나 소분할 밀폐

용기가 적다면 1주일 정도의 원두량을 계량해 진공포장기로 포장한 다음 냉장 보관하는 것도 좋습니다. 하지만 각각의 환경에 따라 보관하는 것이 중요하기 때문에 각 보관법에 따른 장단점을 알려드리겠습니다.

지퍼백은 사용이 간편하고 원두를 소분하여 보관할 수 있는 장점이 있습니다. 하지만 지퍼백은 공기와의 접촉을 완전히 차단하지 못하기 때문에 원두가 산화되는 속도를 감당하지 못할 수 있습니다. 특히 지퍼백을 여러 번 열고 닫으면 내부에 공기가 자주 유입되어 신선도가 떨어질 수 있습니다.

아로마 밸브가 있는 원두 지퍼백(원두봉투)의 경우에는 외부 유입 공기는 차단하고 커피가 가지고 있는 향미는 나갈 수 있기 때문에 최대한 빠르게 마실 수 있을 때 이용하는 것이 좋습니다. 원두가 공기 중의 산소와 만나면 산화가 진행되기 때문에 외부로부터 공기 유입을 차단할 필요가 있습니다. 또 로스팅을 통해 원두에는 이산화탄소가 생성되는데 계속해서 발생하는 가스를 배출하지 않으면 포장용기 내부의 과압으로 밀봉된 부분이 훼손될 수 있습니다. 그래서 도입된 것이 아로마 밸브aroma valve입니다. 아로마 밸브는 외부의 공기는 차단하고 내부의 이산화탄소는 배출시켜 주는 것으로 이러한 특성 때문에 원웨이 밸브oneway valve로도 불립니다. 하지만 이산화탄소만 배출되는 것이 아니라 향미도 함께 빠져나갈 수 있다는 단점이 있어서 최대한 빠르게 사용하는 것이 바람직한 것입니다.

밀폐 용기는 공기와의 접촉을 최소화할 수 있어 원두의 신선도를 유지하는 데 효과적입니다. 특히 유리나 도자기 재질의 밀폐 용기는 빛과 열로부터 원두를 보호할 수 있습니다. 산소 비율을 낮추는 것이 원두의 보관 기간을 늘리는 데 도움이 됩니다. 그러나 온도에 따라서도 산패는 진행될 수 있어서 서늘한 곳에서 보관하는 것이 도움이 됩니다.

냉장고에 보관하는 방법은 온도를 낮춰 원두의 산화를 지연시킬 수 있다는 장점이 있습니다. 하지만 냉장고 내부의 습기와 냄새가 원두에 영향을 미칠 수 있으므로 밀폐 용기에 담아 보관하는 것이 좋습니다. 냉동 보관은 장기 보관에는 유리하지만 원두를 꺼낼 때마다 온도 변화로 인해 품질이 저하될 수 있다는 점을 고려해야 합니다.

원두 구매, 로스터리숍 선택 기준은?

가정이나 일터에서 매일 브루잉을 즐기는 분이라면 원두 구매는 꽤 중요하면서도 신경 쓰이는 일입니다. 신선하고 다양한 원두를 구매해 즐기는 것이 어느 정도 노력을 기울여야 하는 일일 수 있기 때문입니다. 제가 생각하는 몇 가지 기준을 말씀드리겠습니다.

우선 매일매일 또는 일정한 시간마다 로스팅을 하는 곳인지를 생각합니다. 매일 또는 일정한 시간마다 로스팅하는 매장은 항상 신선한 원두를 구비하고 있을 확률이 높습니다. 그래서 많은 종류의 원두를 갖고 있을 수도 있고 추구하는 스타일의 원두를 주문하면 그때그때 볶아서 제공할 가능성이 높습니다. 온라인이라고 하더라도 구비된 품목이 얼마나 다양한지, 새로운 원두가 바뀌거나 소개되는 비중이 얼마나 높은지를 참고하면 됩니다.

또 해당 로스터리가 구매자에게 관심을 가지는지 살펴보는 것이 좋습니다. 찾고자 하는 원두를 궁금해 하고 원두에 대한 설명에 적극적이고 열정적인 바리스타, 로스터 또는 판매자가 있는 곳을 추천합니다. 원두에 대한 정보가 너무 간략하거나 익숙한 정보로만 채워져 있지는 않은지 살펴볼 필요도 있습니다. 커피가 가지고 있는 이야기, 혹은 이력 또한 커피 생활을 즐겁게 해주는 요소니까요.

마지막으로 구매한 원두에 다양한 추출방법 또는 추출도구에 따른 추출법을 설명해주고 알려주는 곳을 추천합니다. 직접 로스팅을 하고 그 커피를 이해하고 있는 곳이라면 그 원두가 품고 있는 특징을 잘 표현하거나 최적의 추출에도 관심을 기울이기 마련입니다.

딱 맞게 추출할까? 물을 탈까?

브루잉을 하는 분마다 각각의 스타일이 있습니다. 일반적인 추출시간을 지켜 필요한 용량에 맞게 추출하고 멈추는 경우나 보다 짧게 진행한 후 물로 희석하는 경우로 나눌 텐데, 제 경우에는 두 가지 방법 모두를 사용합니다. 다만 초보자라면 처음부터 마실 용량만큼 추출하여 추출 농도를 정확하고 일정하게 추출하는 법을 연습하는 것이 좋다고 생각합니다.

진하게 추출하여 물을 희석해서 마시는 방법은 농도를 맞추기 쉽다는 장점과 조금 더 커피를 장기 보관할 수 있는 이점이 있지만 초보자들은 과추출 되어 강한 쓴맛과 과도하게 신맛만 강조되는 사태가 발생하고 이로 인해 밸런스를 잃어버린 커피를 마시게 될 수 있습니다. 또한 희석 과정에서 향미를 잃어 좋은 커피의 향과 맛을 정확하게 알 수 없게 될 가능성도 있습니다. 그래서 초보자와 같이 커피를 배우고자 할 때는 처음부터 마실 만큼의 양만 추출하여 추출 농도를 완벽하게 맞추는 것을 연습하여야 합니다.

균형 잡힌 맛을 추출하기 위해서는 우선 물 90~95℃의 온수를 준비합니다. 물의 양은 커피의 1:16~17로 정해 연습을 시작합니다. 원두는 약 20g, 온수는 320ml를 준비합니다. 시간은 2~4분 사이 원하는 농도를 맞추기 위해서 여러 번 테스트하면서 적절히 맞춰 나갑니다. 시간을 확정했으면 커피의 분쇄도 조절에 따른 농도와 향미 차이를 비교해 가며 여러 번 연습합니다.

미분의 발생과 그 영향

원두가 그라인더를 통해 분쇄되면서 발생하는 미세한 입자인 미분은 예전에는 추출 시 좋지 않은 맛을 내는 원인으로 간주되었고 이로 인해 미분을 최대한 줄여서 추출하는 방법들이 유행한 적이 있습니다. 그렇지만 에스프레소에서는 미분이 필수 요소라고 할 수 있습니다.

커피를 탬핑하고 탬핑된 커피의 간극을 미분이 체워 주고 채널링을 줄이게 하는 하나의 요소로 여겨지면서 미분의 중요성이 높아지고 있습니다. 그에 따라 에스프레소 추출에서 미분의 역할을 중요하게 생각하고 미분을 어떻게 하면 더 좋은 추출방식으로 긍정적인 맛을 나게 할지 다양한 연구 또한 진행되고 있습니다. 추출 시 니들을 이용하거나 레벨링 툴이 업그레이드되고 있습니다. 니들 디스트리뷰터(에스프레소 등 다양한 커피 추출 시 분쇄된 커피를 고르게 분배할 때 사용하는 기구로 커피 가루의 뭉침으로 인한 채널링과 밀도 차를 줄여주는 역할을 담당) 등 다양한 도구들이 더욱 균일성 있는 커피 평탄화를 가능하도록 하는 등 추출 농도를 높이는 방법들이 생겨나고 있습니다.

브루잉에서도 미분이 어떻게 추출에 영향을 주고 어떤 방식으로 커피를 드리퍼에 넣어 주었을 때 물이 더 고르게 분배되어 추출에 용이한지 많은 연구결과가 나오고 있습니다. 커피를 추출하면서 드리퍼 내부의 온도 변화를 통해 드리퍼 내부에서 커피와 물이 얼마나 잘 섞이고 추출되고 있는지 알 수 있는데 이때 전혀 미분이 없는 커피와 아주 미분이 많은 경우, 그리고 아주 소량 미분이 섞여 있는 경우를 비교하면 소량의 미분이 섞여 있는 커피들이 드리퍼 내부에서도 물의 흐름을 더 고르게 만들어주고 균일성을 높여주는 실험결과들이 많았습니다.

이처럼 미분이 아예 없는 것이 반드시 추출에 더 낫다는 생각은 옳다고 여겨지지 않습니다. 물론 미분이 많은 것은 문제가 되겠지만 소량으로 적당히 남을 수 있게 한다면 추출에 오히려 좋을 수 있다고 생각합니다. 그라인더로 분쇄했을 때 발생하는 미분에 너무 민감해질 필요가 없을 것 같습니다.

채프 제거와 추출에 미치는 영향

채프chaff는 생두를 로스팅하는 과정에서 떨어져 나온 얇은 은피silver skin 조각인데 로스팅 후 분리되어 나옵니다. 일반적으로 채프를 제거하고 추출을 시도하게 되는데 입으로 후후 불어가며 채프를 제거하려 애쓴 경험이 있으실 겁니다. 왠지 채프가 있는 상태에서 추출을 하면 이상한 맛이 첨가되지는 않을까하는 우려 때문일 텐데요. 그렇다고 채프를 완전히 제거하는 것이 항상 더 좋다고 단정지을 수는 없습니다. 채프가 커피의 맛과 향에 미묘한 영향을 줄 수 있기 때문입니다. 마치 "모든 음식에는 소금을 넣어야 맛있다"라고 묻는 것과 비슷하다고 생각합니다. 상황에 따라 다르다는 이야기입니다.

채프는 향미의 성분을 함유하고 있습니다. 채프에는 피라진 pyrazine이라는 성분이 들어 있는데, 이 성분이 묘한 역할을 합니다. 로스팅 정도에 따라 커피에 여러 가지 향을 더해주는 기능을 합니다. 예를 들어 약하게 볶았을 때는 풀향처럼 신선한 향을, 강하게 볶았을 때는 구운 견과류처럼 고소한 향을 낼 수 있습니다. 일반 음식 조리에 첨가하는 향신료처럼 적절히 사용하면 풍미를 더해줄 수 있습니다. 그래서 채프를 완전히 제거하여 너무 깨끗하게 없애면 오히려 이런 향들이 사라질 수도 있습니다.

채프는 추출의 흐름에 영향을 미칩니다. 채프는 작고 가볍기 때문에 곱게 갈린 커피 가루 사이사이에 끼어 물의 흐름을 방해할 수 있습니다. 마치 미분처럼 말입니다. 특히 에스프레소처럼 아주 곱게 갈아 높은 압력으로 추출할 때는 이런 현상이 더 두드러질 수 있습니다. 물이 제대로 흐르지 못하면 커피 맛이 고르게 추출되지 않고 쓴맛이나 떫은맛이 강하게 나올 수 있습니다. 반면 핸드드립처럼 비교적 굵게 갈아서 천천히 추출하는 경우에는 채프가 큰 영향을 주지 않습니다.

채프를 완전히 제거하는 것이 항상 옳은 것은 아닙니다. 어떤 커피를 어떤 방식으로 얼마나 오래 보관할지에 따라 달라집니다. 약배전 커피의 경우에는 채프의 풀 향이 커피 맛을 해칠 수 있으니 제거하는 것이 좋습니다. 반면 중강배전 이상의 커피에서는 채프가 고소한 향을 더해줄 수 있으니 추출방식에 따라 적절히 조절하는 것이 좋습니다.

에스프레소 추출의 경우에는 물이 원활하게 흘러야 하므로

채프를 최대한 제거하는 것을 권장하고 있습니다. 핸드드립 추출
에서는 채프가 큰 영향을 주지 않으니 편하게 추출해도 괜찮다고
생각합니다. 만약 원두를 장기 보관하는 경우에는 산화 방지를 위
해 채프를 제거하는 것이 좋을 수 있습니다.

도구를 얼마나 갖춰야 할까?

많은 취미생활이 그렇듯 커피도 다양한 도구의 매력에 빠질 수밖에 없습니다. 그러면서 궁금하게 됩니다. 도구마다 맛의 차이를 보여주는지, 그렇다면 도구를 모두 갖추는 것이 옳은 방향인지 갈등하게 됩니다.

일단 여러 종류의 커피 도구를 갖추는 것이 좋을지 고민하신다면 그러한 생각들은 정말 좋은 고민이라고 생각합니다. 저도 홈카페를 처음 시작했을 때 같은 고민을 했습니다. 커피 도구를 갖추는 일은 마치 옷장을 채우는 일과 비슷하다고 생각합니다. 옷이 많으면 상황에 따라 다양한 스타일을 연출할 수 있듯이, 커피 도구가 다양하면 여러 가지 추출방식을 시도해 보면서 각기 다른 커피의 매력을 경험할 수 있다는 장점이 있습니다. 그리고 원래 취미는 '장비빨'이라는 말이 있듯 도구는 여러 가지 다양한 것을 가지고 있으면 도움이 됩니다.

하지만 그렇다고 해서 처음부터 모든 도구를 다 갖춰야 하는 건 절대 아닙니다. 오히려 하나씩 경험해 보면서 자신에게 맞는 도구를 찾아가는 것이 더 즐겁고 효율적인 방법일 수 있습니다. 프로 골프선수들도 다양하고 많은 골프채를 사서 테스트하고 본인에게 맞는 채를 결정하여 사용하듯이 커피인들에게도 다양하고 많은 도구를 경험하면서 본인에게 맞는 도구를 찾아 나가는 경험 또한 무척 소중하다고 생각합니다. 물론 골프채만 많이 있다고 프로 골퍼가 되는 것이 아니듯 처음에는 하나의 도구를 천천히 여러 가지 방법을 이용하여 추출을 해보면서 즐기는 것이 중요합니다.

경험상 처음에는 드립 세트(드리퍼, 드립포트, 필터) 정도만 갖추어도 충분히 만족스러운 커피를 즐길 수 있습니다. 깔끔한 맛의 드립 커피를 즐기다가 조금 더 진하고 풍부한 맛을 원하게 된다면 그때 프렌치프레스나 모카포트 등을 추가로 고려해 보시는 것이 좋습니다. 에스프레소 머신은 가격대가 높은 편이고 유지 관리에도 어느 정도 신경을 써야 하기 때문에 정말 에스프레소의 매력에 푹 빠지게 되었을 때 신중하게 고려해 보시는 것이 좋겠습니다. 마치 운전을 처음 배울 때 고가의 스포츠카보다는 일반적인 승용차로 시작하는 것이 운전 실력 향상에 더 도움이 되는 것처럼 말입니다.

도구에 따라 맛이 달라질까라는 질문에는 너무나 명확한 답

이 있습니다. 같은 원두를 사용해서 커피를 마실 때 하리오를 이용해서 내린 드립 커피와 에스프레소 머신으로 추출하여 만든 커피를 마신다면 너무나 극명하게 다른 커피 맛이 난다는 것을 알 수 있습니다.

드립 커피는 종이 필터를 사용하기 때문에 커피의 미세한 입자와 오일 성분이 걸러져 깔끔하고 부드러운 맛을 냅니다. 마치 맑게 끓인 차를 마시는 것과 같은 깔끔함을 느낄 수 있습니다. 반면 프렌치프레스는 금속 필터를 사용하여 커피의 오일 성분까지 그대로 추출하기 때문에 더욱 진하고 풍부한 맛과 향을 경험할 수 있습니다. 마치 갓 짠 과일 주스처럼 신선하고 풍미 가득한 맛을 느낄 수 있습니다. 높은 압력으로 짧은 시간 안에 커피를 추출하는 에스프레소 머신은 아주 진하고 강렬한 맛과 함께 크레마라고 불리는 부드러운 거품을 만들어냅니다. 초반에는 핸드드립 세트를 이용하여 커피의 본연에 맛을 느껴보다가 점차 에스프레소 머신도 사용하여 진한 에센스와 같은 에스프레소도 즐겨보길 바랍니다.

약배전은 좋고 강배전은 나쁘다?

    스페셜티 커피의 로스팅과 관련해 약간의 오해를 하시는 분들을 가끔 접하고는 합니다. 스페셜티는 약배전하는 게 좋고 강배전한 것은 품질이 떨어지는 커피가 아닌가 하는 것입니다. 하지만 약배전 로스팅을 진행한 커피가 무조건 좋고 비싼 커피는 아닙니다. 그리고 스페셜티 커피를 반드시 라이트 로스팅으로만 해서 선보여야 하는 것도 아닙니다. 강배전(다크 로스팅)을 스페셜티 커피에도 적용할 수 있으며 다크 로스팅된 커피가 저렴하고 맛이 없는 커피도 아니라는 얘기입니다. 이렇게 인식하게 된 이유는 여러 가지가 있습니다. 많은 로스터리 카페에서 스페셜티 커피를 취급할 때 라이트 로스팅을 선호하는 경향이 있기 때문에 이런 질문들이 나오는 것 같습니다.

스페셜티 커피는 고유한 떼루아 특성과 가공방식에 따라 독특한 풍미와 특징을 지니고 있습니다. 이런 특징을 가장 잘 느끼도록 라이트 로스팅을 진행했을 때 스페셜티 커피의 강점을 부각 시킬 수 있습니다. 그러나 모든 스페셜티 커피가 라이트 로스팅을 할 경우 강점만 나오는 것이 아니라 단점도 함께 나오는 경향이 있어 각 생두마다 적합한 로스팅을 진행해주어야 합니다.

스페셜티 커피 시장에서는 다양한 맛과 향을 경험하는 것을 중요시합니다. 그래서 라이트 로스팅 시 다양한 풍미를 더 잘 표현할 수 있어 라이트 로스팅을 더욱 많이 진행하는 것입니다. 과거에는 품질이 좋지 않은 커피의 결점을 가리기 위해 다크 로스팅을 많이 사용하기도 했는데 이러한 배경으로 다크 로스팅이 저품질 커피와 연관 있다는 인식이 생긴 것으로 보입니다.

아직 국내에서는 고소한 맛의 베이스를 찾는 사람이 훨씬 많으며 무작정 라이트 로스팅만 진행했을 때 자칫 신맛만 강조되고 다른 다양한 단맛과 고소한 맛을 잃는 경우가 있습니다. 커피는 기호 식품인 까닭에 많은 사람들이 좋아하는 커피를 해야 하는 것이 우선이라고 생각합니다. 한때 많은 카페에서 스페셜티 커피라면 무조건 산미 있게 라이트 로스팅만 진행했지만 요즘에는 중배전 이후에 다크 로스팅도 진행하면서 약배전, 중배전, 강배전의 다양한 원두를 선보여 소비자들의 선택권을 늘려주고 있습니다. 장점을 살릴 수 있으면서 소비자의 취향을 맞춰가며 변화하고 있으므로 이러한 오해는 갖지 않는 것이 좋을 듯 합니다.

오늘의 커피
:사계절, 내게 어울리는 커피 찾기

초판 발행 2025년 3월 20일
지은이 권용원
펴낸이 김수림
펴낸 곳 마음사이로
등록 2023년 11월 22일
주소 경기도 광주시 대명대길 28 102호
전화 031)261-8271
팩스 031)624-4489
이메일 bakingbook@naver.com

ISBN 979-11-986817-0-6 (03590)
값 16,800원
ⓒ 권용원